HOW TO BE A PRODUCTIVITY

NINJA

高效忍者

压力小、效率高
不糟心的工作艺术

[英] **格雷厄姆·阿尔科特** 著
李文怡 易汕 译

GRAHAM ALLCOTT

江西人民出版社

前言

亲爱的人们：

你是否愿意不遗余力让世界变得更美好，但又常常不自觉地犯懒？我也是。我们人类本是狩猎动物，但已经进化到了相当高的程度，不再需要靠狩猎来维持生计了，所以我们也有了犯懒的理由和权利。但是，这并没有阻止我们拥有雄心壮志，继续奋发图强。

我认为高效是一种能力，是用最省力的方法实现既定目标的能力。我不希望为实现目标而把自己累得筋疲力尽。我希望有时间陪伴家人朋友，发展兴趣爱好，得到充足的休息，做自己想做的任何事。

所以几年前，当一堆有薪或志愿、与工作相关甚至无关的事情让我的时间捉襟见肘的时候，我开始沉迷于探索改变世界的新方法：高效。这本书讨论的就是如何用最轻松的方式带来最大的改变或影响。对改变和影响的理解可能见仁见智，但是无妨。

我要感谢你买了这本书。选择读它就意味着你想有所作为，有所影响，想找到更简单、有效的做事方法。我们的组织Think Productive成立几年以来，已经与英国和欧洲大陆的多家大型企业、政府机构和慈善机构合作，帮助它们消除现代职场中司空见惯的信息压力，这也是本书想要帮你实现的目标。

我实现高效的方法是百分之百人性化的。我们习惯于给那些创造丰功伟绩的人贴上"异类"的标签，认为凡是人类历史上的伟人都天赋异禀，魅力非凡，具有远见卓识。但其实他们在许多方面与你我无异：最骁勇之人也会害怕，最强大的领袖也会偶尔迷失方向，最伟大的人也经历过一次又一次的自我怀疑，也有不为人知的性格缺陷。然而，从大量的管理和商业类书籍，到个人成长领域，再到我们的社会中，几乎都渗透着一个相同的主题：名人崇拜，或者说个人崇拜。

这本书会让你更了解一群被我称为"高效忍者"的自我管理大师的性格特点，我们会共同见证这些人是如何做到身心禅定、冷静果断、善用武器、神秘莫测、另辟蹊径、机敏灵活、自我审视和有备无患的。但我更希望你能通过这本书认识到，成为高效忍者不一定要创造奇迹，成为超人。

很多人购买了上面提到的那些书籍，却从来都没有时间看。还有很多人醉心于个人崇拜，梦想像专家那样完美，却又在追梦的过程中迷失了方向。他们花时间幻想成为作者那样的人，相信专家描绘的往往是难以实现的愿景，而不是花时间自我规划，展开行动，改变生活。

所以我要说明一点，本书并没有十全十美的专家标本供你膜拜。我所提到的高效人士都有自我怀疑的时候。我也会把事情搞砸，也会拖延，也会毫无效率。我的特点在于我承认这些坏习惯，并在努力改正它们。

我希望我的经历和见解能够对你有所帮助，所以我不会佯装自己不知道失败的滋味。但愿我的错误能够说明这本书的真实性，也希望你把它们看作学习的机会，而不是就此丢开这本书，去找一些专家的空想集。当然，我更希望的是，本书中有关提高效率的理念和高效忍者的行为方式能够激励你，带动你。这本书在许多方面都是你的工作手册和生活指南。它不仅是对成就的颂扬，更是对非凡成就背后那位普通人的欣赏，而那个人与你没有什么不同。

格雷厄姆·阿尔科特

目录

第一章	高效忍者的行为习惯	001
第二章	压力从何而来	031
第三章	注意力管理	046
第四章	忍者式邮件处理法	083
第五章	忍者的效力:CORD 高效模型	116
第六章	收集阶段	130
第七章	整理阶段	148
第八章	回顾阶段	195
第九章	执行阶段	220
第十章	忍者式项目与会议管理	243
第十一章	工作动力	276
致谢		295

第一章

高效忍者的行为习惯

> 忙碌未必等于实干。所有工作的目标都是产出产品或有所成就。无论是哪一种都需要未雨绸缪，讲求章法，有计划，有智慧，目标明确，踏实肯干。有时你看似在做，却并没有做。
>
> ——托马斯·爱迪生
> （Thomas Edison）

有没有想过自己应该加强时间管理？是不是怎么都搞不懂为什么有些人完成的事情就能比自己多得多？想不想知道怎么处理那些没完没了的邮件和不断增加的任务？会不会奇怪为什么每天的时间都不够用？

经常有人认为良好的时间管理方法才是高效、成功或幸福的关键。市面上关于时间管理的书成百上千，大多是一些专家类人物的作品，他们对时间管理的总结十分精辟，堪称完美：任务分轻重缓急，重要的在前，不重要的在后，从早到晚依次完成；给任务排序，制定短期、中期和长期目标，梳理乱七八糟的事情；处理复杂项目时，就写一些很长但滴水不漏的项目计划。这一切听起来很容易、很完美，是不是？

那么我需要首先表明，我写这本书并不是因为我是什么时间管理的专家。我不是那种天生就有条理的人。我的工作风格恰恰相反：有些捉摸不定，容易心血来潮；相比执行层面，更擅长战略层面的事情；对细节过敏，做事凭直觉，有时让人抓狂；对于特定时间内能完成什么事，估测得非常不切实际。在某种程度上，这些特点算是我的优势，帮助我取得了一些成绩。它们是我性格特点的一部分。虽然我将它们作为优势来发挥，但也承认它们是比较严重的性格弱点。改掉坏习惯、养成积极稳定的新习惯让我有能力帮助他人做出同样的改变。我同自己的低效魔鬼做斗争，努力让自己变得高效起来，更好地控制工作和生活。就是在这个过程中，我逐渐得出一条重要的结论：时间管理已死。

时间管理是个过时概念

不知从何时起，时间管理这个概念就已经不再适用了。我们生活在一个联系不断、信息超载的时代。一时间，不同来源、不同种类的信息刚新鲜出炉便开始对我们进行轮番轰炸，这在10年前是根本无法想象的。在传统的时间管理类书籍中，处理新信息的方法非常简单：信息通过纸质信件传播，所以你每天早上到办公室的第一件事就是接收信件。如果你是个大人物，下午的第一件事也是如此。那时，新信息的处理和回复都是由自己控制的，这类活动也非常有限，每天不超过一个小时就能处理完。按照传统的时间管理逻辑，一天中剩下的时间都可以自由支配，做一些真正意义上的工作。这些工作还可以在前一天计划好，标上"A""B""C"，做一个简单的工作清单，次日完成。

这种方法可谓老古董了。如今的我们，一天24小时，一周7

天，无时无刻不被邮件、社交媒体信息、语音信箱、即时消息、其他文本、内部网络、电话会议和协作工具淹没，还要始终与外界保持联系。面对种种压力，要挤出时间、集中注意力处理实际工作，着实是一种挑战。有时到下午5点，你还在盯着满满的待办事项清单发呆，是不是？我和你一样。

除了工作中日益增加的信息量，还有很多原因可以说明，时间管理理论已经过时。现在的工作比以往任何时候都要复杂，我们的职责不再那么泾渭分明，工作内容要更随意；团队不再过分看重管理层次，而更注重各成员应承担的责任。随之而来的是沟通频率极速增加，我们需要做出回复，至少要能随时接收信息。不仅如此，为了迎合双职工父母和驻外员工的需求，我们的工作时间逐渐延长，也愈发灵活。所以在一个事实面前，你不得不妥协：事情是做不完的。

事情是做不完的

问一下自己：如果你按照事情的重要性做一个待办事项清单（如分成"A""B""C"三个重要性等级），那么在可以跻身"A"等级的新机会或灾难性事件出现之前，你已经完成清单上"C"等级的事项了吗？可想而知，你不会。如果你完成了，那也只是因为那些事项没得到及时处理而突然变得紧急，所以跳升到"A"或"B"级了。

回想你的职业生涯，也许有那么一天是完成任务之后便无事可做的。而如今，这样的工作几乎已经无迹可寻了。总有些业务需要再推进一下，总有些准备工作还没完成，总有些阅读材料需要跟进，总还要做点儿家务。你可能会想到过去打工时的感受，比如在酒吧做服务生。一次漫长的轮班结束了，你擦了一遍酒吧的地板，然后关店。你坐下来，拿着一瓶啤酒，庆祝晚上顺利收工，对完成的工作很满意。完成工作的感觉超级好，不是吗？那种实现了什么的满足感，那种事情完成了就不会再次出现的喜悦让你兴奋不已。

工作完成后，你自然会有一些闲暇空间，这是你感到满足的另一个原因。从心理学的角度来说，闲暇的空间有助你思考，因为你能从狂乱的生活节奏中缓一缓神，重新掂量什么才是真正重要的事情。

我们的问题在于，现代的工作方式很少让我们有完成工作的感觉，或者说很少让我们有闲暇空间。我们好像总是绷紧了神经，在一条很长的隧道里寻找尽头的光亮。当你终于看到有光慢慢靠近时，却发现那只不过是个讨厌的家伙拿着火把，走过来给你更多的工作。

注意力管理正当时

不过不必担心，现在的情况已经大不相同，我们有了新的游戏规则。简单来说，高超的注意力管理能力才是通往高效的新钥匙。如何保护和使用注意力，保护到何种程度，如何合理运用策略，这些问题都能决定你的成败。但与此同时，你还是会面对一些致命的敌人，比如压力、拖延、外界干扰、注意力不集中、没什么价值又必须做的事和恼人的工作习惯等。你必须学会如何克服这些困难，把注意力集中到真正重要的事情上。你应该开始像忍者一样思考了。

高效忍者的行为习惯

> 舍得抛弃计划好的生活，才能迎来新生活。
>
> ——约瑟夫·坎贝尔（Joseph Campbell）

这本书的主题是帮助你从忍者的行为习惯中获得灵感，并将其应用到工作、生活的各个方面甚至更广阔的领域；是我们如何把新接收的或令人分心的混沌信息转变为我们可以完成的行动或可喜可贺的成果；是我们与工作中各种信息的关系，更重要的是，我们怎么才能掌握控制权、怎么做才能确保每天有足够的时间完成最重要的事（你可能会注意到，我没有说要完成"所有事"）。

在本章中，我会带你了解忍者的特点，帮你提高效率，缓解压力，改变你对工作的认知。当然，忍者式思维是我们看待工作的方式，而不是具体的工作方法。这种方式的重点不在特定的技能、天赋或者工具。以它为基础，我们很容易形成自己的方法系统，这是接下来几章的内容。首先，我们还是说一说它潜在的原理和思维模式。以后的章节中，我们将把这种思维应用到日常工作中，处理邮件、待办事项清单、项目和会议等任务。

我们的工作是决策

在信息时代，每天上午几乎才9点左右，我们收到的信息就比过去的时间管理专家一周收到的信息还要多了！工作这个概念已发生翻天覆地的变化，如何处理好新机遇、成功应对新威胁至关重要。我们再也不是"思考如何工作"了，思考才是我们的工作。事业成功者以决策制胜,向上攀升的职场人士以反应能力和责任心论英雄。升得越高、事业越成功,这个道理就越适用。职场决策的水平、创造必要"优质思考时间"(quality thinking time)的能力和处理直觉的方法(特别是没有思考时间的时候)定义着职场中的我们。

责任心 vs. 反应能力

你应对变化的反应速度有多快?我说的反应不仅包括意识到变化的发生,还包括消化和理解变化并采取适当的行动,那么,你会有多快呢?人们常以为一个人的工资越高、成就越大,他的责任就越重。以升职为例,你的职位越高,责任自然就越重。

但如今,只有责任心是不够的。最近常有足球运动员或者经理人发表声明说:"我要主动站出来为这次惨败负责。"承担责任总是比不承担责任强,但虽败犹荣终究还是失败。在信息时代,事物都在急速地运转。我们的社会欣赏那些在责任重大的岗位上乐此不疲的人,却很少把承担责任看成一件主动的、创造性的事情。我们会说"我不想担这份责任",好像"责任"一词充满了负担,不会带来任何愉悦。然而,责任与影响力是相伴而生的。责任本质上也应该为我们带来回报——帮我们创造影响力,以及为企业、社会、家人和自己创造财富和赢得成功的能力。视责任为麻烦,就是视责任为成功的代价,认为我们是以责任换取了成功。事情本不该如此。

而反应能力指的是在遇到新的挑战时,我们能够立即确定应该采取的行动,去克服它,并享受这个过程。本书将向你介绍几种提高反应能力的工具,让你具备三种不同形式的反应能力。

即时反应能力

面对一件事，我们的反应往往不是立刻行动，而是拖延。如果犯懒了，感觉累了，对结果不确定或担忧了，还会就此推迟。忍者的方式将会挑战你的思维模式，帮你养成新的习惯，你会就此主动寻找应对方案，而不是寻找逃避和推迟的办法。

延迟反应能力

你应该不想一边做着工作，一边担心那些没顾上的项目出问题吧？我们将构建一些系统。你可以通过这些系统随时知晓任何一个项目接下来的任务，也可以通过它们掌控全局。

应急反应能力

当你不得不放下一切手头工作去处理危机事件时，最好是有一个万无一失的办法帮你记住你放下的工作的进度。本书中的一些方法和技巧能帮助你应对这种情况，确保你集中注意力做好手头工作。

高效忍者的思维特点

> 简单是复杂的最高境界。
> ——列奥纳多·达·芬奇
> （Leonardo da Vinci）

忍者之所以高效，是因为具备某些思维特点，养成了无往不利的行为习惯。在我逐一介绍的过程中，你可以边看边思考这些特点与习惯都能从哪些方面帮助自己改进当前的做法。在本书后面的章节中，我会介绍几种工具和技巧，帮你把效率提到忍者的高度。

八大忍者式思维

身心禅定

另辟蹊径

冷静果断

机敏灵活

善用武器

自我审视

神秘莫测

有备无患

然而，忍者并不是超人

身心禅定

做好决策需要你有能力为自己创造时间和空间，理智地思考手头的问题。头脑发热时做的决定经常会让我们感到后悔。忍者认识到了这一点，所以在困难面前总是保持平静，在信息超载的压力下也是如此。忍者完全有能力在事情一箩筐时仍然保持淡定从容。我们是怎样克服压力、保持平静的呢？在谈到忍者处理邮件、任务、项目和会议所需要的实践技能时，我会详细回答这个问题。但首先，有几项基本原则。

使用"第二大脑"

> 头脑的价值在于创造而非保存思想。
> ——戴维·艾伦
> （David Allen）

为了不遗忘重要事项，你要把所有备用信息都保存到一个系统里，不要装在自己的大脑里。为了不让可能遗忘的事项使自己分神或焦虑，用"第二大脑"存放各种信息和提醒，不要用自己原本的那个。这种方法听起来容易，做起来难，但一旦掌握就非常有效。在本书后面的章节，我会帮你构建自己的"第二大脑"，掌握高效忍者的行为习惯。

信赖自己的系统

无论你使用哪种系统，你都要相信它会奏效。如果你怀疑它能否帮自己完成任务，那么这种不确定性就可能催生额外压力。换了新电脑或者用了新软件会使人接连几天都有一种不确定感，但是很多人多少年都不曾怀疑自己的系统是否真像自己预期的那样有用。疑人不用，用人不疑，这很重要。培养这种信任感和身心禅定的态度不仅需要你定期审视自己的工作，还需要你定期考量自己的工作流程。对工作方法的检查可以很简略，但一定要定期进行，这能让你在工作中拥有更清晰的思路。

降低预期

要承认，事情是永远做不完的，根本不要追求全部做完。你需要确定的是你选择了正确的事情，一切尽在掌控之中，知道所做之事再难也是可以办到的，便能找到出路。

保持良好的身体状况

> 身体健康，头脑才能健康。
> ——佚名

身体的健康强壮不仅能缓解压力，还能为大脑提供必需的专注力和能量，让思维和决策更清晰，从而让工作更得心应手。而且你的外形也会变得很有吸引力。真可谓是一石三鸟。

有准备，有条理，未雨绸缪

> 桌面清洁，头脑才更清醒。
> ——佚名

有些人认为有条理的人过于吹毛求疵，或是有强迫症。在"高效忍者是怎样炼成的"培训班中，常有学员排斥这一点，说："我没时间整理。"事实是，当我们处于一天或一周中最高产的阶段，即经历"心流"（flow）时，我们最不希望发生的事就是因为找不到重要信息或没准备好必需的工具而脱离轨道，失去状态。我们的目标不是追求完美，只是想把你默认的工作状态变得有条理，这样你才更有可能规律地进入"心流"状态。

冷静果断

做事冷静果断与追求身心禅定并不矛盾。我们已经讨论过在决策过程中保持客观、平静和清醒的必要性。要做更多、更好的决策，我们还需要慎重选择：进行信息处理，去粗取精，舍末逐本，大小兼顾。冷静果断不仅是一种处理信息的方式，还意味着节约时间、保持专注的能力。你可能会牺牲些"值得一做"的事情，但能把注意力全部投入影响力最大的事情上。

对自己说"不"

面对四处传播的海量信息，我们唯一的方法就是慎重选择。选择工作有些背离我们熟知的职业道德，但我们必须而且要经常这样做。合理拒绝是一项重要的技能。当然，学会对自己说"不"并不代表要把处理不完的工作当成不存在。如果你的确会时不时承接很多工作（顺便说一句，我经常如此），那就和自己也和别人重新沟通一下工作任务，你要知道，这样总好过为了完成所有的事情而精疲力竭。

对他人说"不"

想象一下：你正在开会，而且你纯粹是来凑数的。当会议接近尾声时，大家开始讨论任务分配问题。有些任务恰好是你擅长的，所以一经提出，几个人的目光就不约而同地向你转来。在这种情况下，你很容易过度承诺。而且，一旦说到你可以完成什么，就很难再把话引回来，再去说你实际能完成什么。更难的是，你已经意识到自己的工作会非常有价值，但你要做到既对它说"不"，同时还不会让同事或上司失望。对他人说"不"是很难做好的，你需要意志坚定、性格果断、讲求策略。做到这些，你才能形象无损，并令人信服。稍后我们还会再仔细讨论，但你从现在开始就可以打磨、加工对自己和他人说"不"的艺术了。把它当作使命，这会是一段漫长的旅程。

排除外界干扰

可以说，注意力，特别是我们最警觉、处于"心流"状态或者对工作驾轻就熟之时的积极注意力，是我们最宝贵的资源。注意力应该得到维护和珍视，而外界又存在无数的干扰：邮件、电话、想法、压力、同事、社交媒体、下一个危机、下一件大事……诸如此类，不胜枚举。所有这些干扰在打扰和打乱你之前都应该被一棍打死，我们会在第三章详细说明。当然，还有很多诱惑需要我们果断抵制。我们常常喜欢被打扰，因为终于有借口可以拖延下去，少动脑了。我们本该开始写报告，却总是想再刷刷社交网络，其原因很简单：聊天比冥思苦想容易得多。学会应对外界干扰不仅是自律的表现，还代表着对他人的干扰说"不"的能力。

二八定律和影响力思维的作用

> 以终为始。
>
> ——史蒂芬·柯维
> （Stephen Covey）

果断也表现在决定实现目标的方式上。根据二八定律，我们知道不是所有事情做起来都能产生相同的影响力。20%的事情会产生80%的影响力。我们往往对完美情有独钟。诚然，对某些工作来说，追求完美是有益的，甚至是必要的，但对有些工作来说则是没有必要的，因为完美对最终结果没有明显的影响。所以我们做计划时应果断一些，问一问自己：我想要一个怎样的结果？有人曾经解决过这个问题吗？我能求救或者借用、偷学一个方案吗？如何才能尽快扔掉这块烫手山芋、进阶下一个目标呢？这些问题能够引导我们有所创新，挑战传统（这一点很快就能说到了）。但我们只有死死盯住目的地，而不是苦苦追寻坐什么车，才能更节约时间，并大量地减少损耗。这样做的结果并不会比完美主义之下的结果差。

善用武器

忍者本就技艺高超，借助正确的工具，效率会更高。市场上有各式各样的工具可以帮助我们掌控全局。总体来说，忍者的兵器库需要配备两种工具：思考辅助工具和整理辅助工具。

通晓每种工具的功能，知道什么时候用什么，是成功的关键。工具能让我们信心倍增，只要能够有效利用，就能弥补技术上的不足，让工作畅通无阻。

思考辅助工具

随着决策日趋复杂化，我们对思考辅助工具的需求也越发明显。我们在进行战略规划或线性管理反馈时常常使用此类工具，但其价值依然没有被充分发挥出来。如果你公开使用某些工具，还可能为你的工作加分，让客户、项目负责人或股东对你更有信心，你的思路也更加开阔。例如，SWOT 分析（分析优势、劣势、机会和威胁）就是商务上常用的思考辅助工具，它生成的模型简单易懂，在它的帮助下，你可以更好地思考当下与未来。如今，这样的思考辅助工具和方法体系各式各样，能让我们生活更便捷，决策更英明。

整理辅助工具

从微软 Outlook 邮箱、苹果应用商店到不起眼的订书机，整理的方法实在是太多了。重点是整理的水平要高，无须完美，也不能凑合。良好的整理能力可以确保你在提高效率的同时收获最好的效果，而不是白白浪费时间，或增添让人分心、不必要的麻烦。

不要在形式中寻找安全感

> 加入网上社群讨论效率，犹如买把椅子讨论跑步。
>
> ——默林·曼（Merlin Mann），43folders.com 网站站长及 Inbox Zero 创始人

工具确实有助于成事，但对工具上瘾有时也是一种消极因素。现在有很多网站致力于帮助你提高效率，很多是有影响力、有洞见的思想家创建或指导的，比如默林·曼的 www.43folders.com 和利奥·巴

伯塔（Leo Babauta）的 www.zenhabits.net。我们确实要紧跟技术进步与创新的步伐，利用它们来提高效率。但同时我们也要非常清楚，花在科技创新上的时间是"停滞时间"（dead time），你无法利用这段时间完成重要的任务或项目。有人一谈及效率就只说他们刚下载了什么应用，这让我感到担忧。工具能帮助我们思考和整理，却无法取代思考和整理的过程。还有人经常把在一款软件里的项目或行动再输到另一款软件里，认为这样做可以提高5%的效率。这个假设往往是错的。这样做只不过是又拖延了一天而已。

决策模仿

忍者式思维的中心是提高决策能力。通过挑战自己，不断改进和创新，我们能够提高决策的质量、数量和速度。记住，我们的目标是掌握信息、清楚状况然后再做决定。思考辅助工具能够提高我们大脑的灵活性，正确的信息也可以。

有人说，世界上其实只有8个故事。你所经受的挑战很可能早有先例，所以动起来，找一找熟悉这一领域的人。你认为永远都解决不了的事情，在他人看来可能就有捷径可寻。向他人寻求意见，搞清楚他们是怎么解决类似问题的，这是在时间紧迫的情况下掌握更多信息再下结论的好法子。同样，你也可以与别人分享你掌握的信息，久而久之便会发现，你收到的信息和建议是你给出的10倍之多。向那些喜欢分享的人学习，分享给那些想要学习的人。我认为，我们正在迈向合作的新时代，是互联互通让新技术更加开放，使合作成为可能。写到这里，我深深地感受到，我们现在还是在这个时代的起点徘徊着。

社交网络是非常好的工具，因为我们可以向一群信得过的朋友、同事抛出问题或议题，进而在一件事情上得到数种很有价值的意见。这会省去我们多少时间和脑力啊！但同时，如果直觉告诉你可以独立思考，可以自己做决定，那就放胆去做。

神秘莫测

我们之前讨论过要保持自己的注意力持续时间，保持专注。这点很难做到。所以，忍者要动用一点老式的方法：隐藏行踪和利用伪装。

低调行事

你最不该做的就是有求必应。这就好像发了张请帖给你最大的敌人：分心和外界干扰。没有什么事情需要和别人沟通时，就远离众人的目光。很多办公室里都存在社交或者其他浪费时间的活动，不要过多参与。要让人难找到你，让自己神秘一点，如果迫不得已，就表现得冷漠一点。保护自己的注意力，把它用到你想用的地方去，不要被别人劫走。下面有几个例子。

- 尽可能远离人群——在家、咖啡馆、会议室或者室外工作。如果你在开放式的办公室工作，不太可能长时间远离办公桌，那么你可以同上级商量获得一些离开办公桌的"思考时间"。当然，你还可以强行用点小动作：在 Outlook 日志里设置几个措辞含糊的预约提醒，其他人就会觉得："哦，貌似他/她不在办公室。"

- 找一个帮手帮你对各种不值得花时间的任务或者会议说"不"。（如果你找到了可以帮你说"不"的人，不仅你能更轻松，对被拒绝的人而言也更有礼貌。）
- 有选择地接电话。如果你认为这个电话可能比你正在做的事情更重要就接，否则不接。
- 在日历上设定一个时间，用于进行创造性思考、回顾、预先规划或其他重要活动。
- 为一些活动设立明确的界线，比如邮件、聊天、网络电话、即时消息等。养成一种自觉打开和关闭这些工具的习惯。在我工作过的所有企业里，Outlook（或其他邮件客户端）几乎都是全天打开的，Skype等类似干扰也是如此。是时候甩开与外界联通的压力，进入"人间蒸发"（go dark）状态了。

人间蒸发

在保护注意力免受他人打扰的同时，我们也必须防止被自己打扰。有时我们最大的敌人就是自己。"人间蒸发"这一概念来自软件开发领域，是指开发者在进入程序编写的"最佳状态"之后便不再回复邮件或其他信息了。此时别人很难找到他们。他们的上级可能因此几近崩溃，但也知道可能有哪个环节正在进展神速。

如果一直挂在网上会分散你的精力和注意力，你也会因为网络上不计其数的可能性而开小差（谁不是呢？），所以你要时不时地断一下网。是的，一本旨在提高效率的书告诉你，要关掉网络！如果我把无线网络关闭两个小时，便可保证这期间不会看到新邮件，便可以保持工作状态。

秘密委托

把工作分配给别人是能让你完成更多工作的好方法。这种做法可能不够正统，但是你可以先想一想，即使做了工作，功劳可能也不是你的，而且事情可能也不尽如你的想象。一个好方法是，在项目清单里找出一些你认为可以让别人用不同方法完成的工作，或者你最不重视的工作，把它们分配出去。这就是秘密委托。以下是秘密委托的三种形式。作为忍者，你也可以开发自己的技巧。

1. 借力：借助别人的营销活动为自己的产品或服务打广告，在别人的活动上发布你的新产品，或者"借"别人的通讯录联合发起宣传。蹭热点是一种实用技巧。
2. 培养"同伙"：与知识储备和能力相当，同样鼓舞人心的人寻求合作"共赢"。
3. 抄近路：找做过研究、有经验、吃过苦头、愿意给你建议的人学习，以免犯同样的错误。打五分钟电话亲自学经验，比花一个小时上网搜索最佳方案容易得多。找那些观点信得过的人，信任他们！

另辟蹊径

重要的是结果。不管是使用传统方法还是寻找捷径，这些都不重要。不是身经百战的老专家告诉你要花 16 个小时就一定要花 16 个小时。要有质疑一切的心，始终寻找能够帮助你进步和创新的机会，用更简单有效的方法做事。这点很重要，因为你周围很多人可能不是这样做的,他们只会按部就班,不喜欢太多改变。我们必须走出一成不变的模式。

在正确的时候勇敢站出来

即便直觉告诉我们换个方法做事情更有效,这种做法依然是有风险的。管理者喜欢维持现状,因为这样更简单。挑战现状通常就意味着在荣耀与失败之间如履薄冰,但我们的首要目的并不是获得荣耀(虽然荣耀来临时,我们可以勉强大方地接受),而只是为了寻求更好的方法,同时从超越界限、改进流程、提高效率的过程中得到满足。

吸取其他行业经验

这是忍者的一个秘密武器。你现在在工作中遇到的问题可能是别人在其他领域曾经遇到的问题,也可能是其他人将来会遇到的问题。就像决策可以模仿一样,我们也能从其他领域学习创新的模式。引入新思维,从不同行业的角度看问题是个很有效的技巧。举个例子,如果你想用更有创意的方式进行沟通,为什么不问一下自己:"广告公司会怎么做?"或者,"纳尔逊·曼德拉(Nelson Mandela)会怎么做?"又或者,面对一团乱麻时,你需要更多的办法,那么你可以请教一名外科医生或工程师怎么解决这个问题。当然,如果你认识做这方面工作的人,可以直接打电话问问他们的意见。这种模仿的效果会令你惊讶。一个行业或者一种工作中的创新可能在别处已是常态,反之亦然。

寻求"同类"的帮助

另辟蹊径和追求创新要求我们扔掉一些"自我"产生的愚昧想法。永远都不要害怕或感到窘迫，也不要太过骄傲而不去寻求他人建议，即便这样做会暴露自己的弱点。永远都不要拒绝从可信赖的资源处学习新东西的机会。借鉴他人的成功之处非常重要。接受指导是最好的效仿途径：出发前向过来人问问建议，找到成功的捷径。除了导师，你还可以找"同类"帮忙。谁会和你在同一时间经历相似的过程？可能他们也都有导师，也学到了同等重要的经验。别害怕和他人分享知识，你也能从他们那里学到宝贵的经验，其价值甚至出乎你的意料。有时候我们不喜欢合作，因为我们认为像超级英雄那样独自完成任务，功劳更大，或者会让我们更有竞争力。记住，最重要的是你是否完成，没人在乎你是怎么完成的。

打破规则

有些规则确实是值得遵守的，也有些规则是不能碰的雷区，而高效忍者的工作方法总是先看结果，从结果处入手来开展工作。质疑规则，尤其是窠臼，是个很好的技巧。只要不会造成严重后果，先斩后奏通常要比请求批准容易得多。有时我们就是需要一点魄力，继续前行。不要害怕打破规则，尤其是在你能够摆脱一些老而无用的流程时。

机敏灵活

在面对新的机会或威胁时，忍者身轻如燕、反应机敏。任何需要极速转换思维、迅速做出反应和快速进行决策的事情都需要我们动用主动注意力（proactive attention）。我们知道，主动注意力是非常有限的资源。能否对新挑战做出迅速的反应、采取恰当的行动，只取决于两个因素。

1. 我们自己的头脑"储备"或延长主动注意力的时长而不感到疲惫的能力。人们或许可以暂时借助咖啡或其他刺激性饮料达到这一点，这在短时间内有一定效果，但我们需要的是更有持续性的办法。
2. 我们在这一过程中引入其他辅助资源的能力，这些资源包括其他人、更多的时间或者更好的技术。

身轻如燕

我们要在"休耕期"就把工具准备好，以便在事情进展艰难时尽可能灵活机变。培养"反应能力"也需要如此。有几个很好的做法，我们可以坚持每天都做。

- 有条理：如果要做出反应，就一定要做好准备。
- 少做承诺，不要安排太多任务：我们总是贪多嚼不烂，甚至经常是一天都在为别人的事奔波。每周或每个月初，先在日历上多留白，把时间留给目前还未知的计划。
- 超前规划：无论使用哪种整理系统，多想一步，提前动手，以备不时之需。如果你的生意突然很火爆，新客户络绎不绝，但你管理客户联系方式用的 Excel 表格却是密密麻麻、乱七八糟，那它一定会在关键时刻拖你后腿。在需要出现之前，预先花时间做一个超赞的数据库，当时可能觉得没有用，实际上却是明智之举。在伦敦，维多利亚时代建造的下水道和管道数量是当时实际需求的10倍。人们现在抱怨管道系统，却忘了它是如此超越时代，忘了当时的人们的高瞻远瞩，留有富余，是多么明智。我只能说，谢天谢地，他们多建了那些管道！

敏锐察知机会或威胁

良好的反应或回应能力需要你具备战略视野。当机会轻轻敲门，当威胁尚在远方，我们都要及时发现。这需要准备和调查，也有一些捷径可寻。比如，搭建关系网就是很好的探听消息的渠道。不同的人建立关系网的策略也不同，但我还是大致列出一些标准，顺序如下：

1. 我有可能遇到有趣又帮得上忙的人吗？
2. 这个人很了不起吗？他们有想法、业绩突出、做事有热情吗？（如果答案都是否定的，那么就可以放弃了，这里没有什么好看的。）
3. 这个人能为我的工作提供信息吗，能扩大我的战略视野吗？
4. 我们能一起做点什么吗？
5. 我们的沟通是否顺畅，能够轻松共赢？

只有当这五个问题的答案全部是肯定的，我才会做出承诺。我们往往一看到可能性就忘乎所以，而真正做出成绩又是另一回事。所以你在谈话中应该只落实一些比较容易做出的决定。

自我审视

思想是我们最重要的工具。了解自己的情绪非常重要,其原因有多种,不只是因为你能因此做好采取行动的准备。忍者式思维是由很多内容组成的,身心禅定、冷静果断、另辟蹊径等境界都不容易达到,某些方面还有悖生物进化方向。

倾听"蜥蜴脑"——抵触情绪

> 许多人与机会擦肩,因为机会穿着连体裤,长得像工作。
>
> ——托马斯·爱迪生

我们的大脑较猿人时期已经进化了很多,但有一样几乎从未改变:蜥蜴脑。这个词是从赛斯·高汀(Seth Godin)的著作《企业骨干》(Linchpins)一书出版后开始流行的。我们大脑的这个部分仍然记得求生、融入环境和低调行动的原始需求。事实上,蜥蜴脑产生的一个最不好的想法就是,无论我们做什么,都可能暴露自己。从进化的角度讲,暴露自己就意味着被捕食者选中。直到现在,蜥蜴脑依然让我们有这样的想法。

史蒂芬·普雷斯菲尔德(Stephen Pressfield)的《艺术之战》(The War of Art)一书记述了他作为一名作家与被他称为"抵触情绪"的心理状态搏斗的经历,很是发人深省。抵触情绪通常都产生于蜥蜴脑,表现为压力、焦虑、害怕失败、害怕成功等各种情绪。这些情绪在大脑里盘旋,告诉我们别动。"停,不能这么做,太危险了。像别人那样做,那才是被大家认可的方式。想创新,不循规蹈矩，简直是疯了。什么创造力，根本就是错的。"忍者的任务就是不断消除这些想法，而且是越多越好。

消除这些想法听起来简单，其实不然，主要是因为这些想法太过隐晦，你甚至根本意识不到它们的存在。所以你要密切关注自己以及自己的直觉反应，也要客观评估自己的效率，把让你醉心和强烈排斥的任务都找出来。

情绪和冥想

很多人都会告诉你，要给自己时间和空间，了解自己的感受，聆听自己的心，要处处留意。这要么是浪费时间，要么不过是嬉皮士的呓语。忍者的观点与之不同，这是因为认知方式不同。你度过了糟糕的一天，可能是因为办公室里发生的事件，也可能是因为大脑里的所思所想。定期冥想的人应该知道冥想的好处。忍者式思维也能通过冥想得到全方位的提高。这里，冥想是个很宽的范畴，包括静坐欣赏美景、祈祷、自由写作或其他类型的创造性活动、瑜伽，也包括散步（为了散步而散步，而不是为了去某个目的地），等等。再次说明，冥想的目的是达到身心禅定，使你全身心专注于工作。

倾听他人

除了花时间倾听自己的想法和感受以外，积极有效地倾听他人也是沟通与合作的灵魂。倾听反对意见，关注反馈以及事物间的联系也是非常重要的技能。我们将在第十章讨论这些话题。

有备无患

我们已经谈过忍者式思维的诸多特点，最后我们要谈的这一点能够对其他特点提供支持和巩固：有备无患。在作战最激烈的时候，只有做到有备无患，才能实现身心禅定。只有事先准备充分，进而能够迅速做出反应并合理地应对，才能实现机敏灵活。只有储备好能量，才能做到冷静果断。有备无患既包括物质上的准备，也包括思想上的准备。

物质准备

善用武器的忍者都知道，使用恰当的工具处理问题或开展项目能够增加自己的控制感。曾几何时，做事追求条理、热衷于摆弄工具的人被认为是书呆子，好在让你把内心的那个技术迷释放出来的时代已经到来了。是时候创建和维护自己的系统了。有了这些系统，我们就能一直有所准备，做到见招拆招。表面上看，使用外力没有"顺流而下、一气呵成"之快感，但会展现出一种力量，这种力量来自工具的储备，来自把时间花到合适的系统上，来自做好准备后再向工作发起进攻。

思想准备

除了做好物质准备，我们还要做好思想准备。做好思想准备当然包括自我审视，此外，我们还要兼顾我们最宝贵的资源：注意力和精力。为此，我们需要有完全脱离工作的时间，这可能是花很长时间刷社交网络或是看些没营养的内容，或者和朋友外出玩乐，把注意力转移到完全不同的事情上去（或者什么都不做）。

很多人受到老板的压力，要留在办公室加班。我也和很多人聊过，他们都表示，就算是觉得没什么事，他们也都要留在办公室等老板下班，等老板走后五分钟才会离开。如果你做的工作也存在这样的同辈压力，那就一定要改变它。我们会一同努力改变这种现象。至于你的老板，买这本书送给他们可能是改变的开始。

午餐不是给无能的人准备的

有的时候，你把自己逼得太狠了。你可能会紧紧盯着工作的截止日期，清楚接下来这段时间你会很忙，然后开始全力以赴地工作。你无法照顾自己，也得不到片刻休息时间。从短期来看，这种工作狂模式适合攻克艰难的任务；但研究表明，长此以往，收效是会递减的。电影《华尔街》（Wall Street）中迈克尔·道格拉斯（Michael Douglas）以其卓越的演技诠释的戈登·盖柯（Gordon Gecko）有一句著名台词："午餐是给无能的人准备的。"（Lunch is for wimps.）这句话早已深入集体意识，至今仍有人在使用。其实，午餐并不专属于窝囊废，但有备无患的非忍者莫属。

有备无患能创造奇迹

很难说为什么在工作日吃一顿午餐或做简短的休息，我们就能迅速恢复雷厉风行的状态，工作上也手到擒来。但事实就是如此。适当休息是一种重要的准备方法。下次，你也从朝九晚五中留出这种关键时间，不工作，而是把注意力放到完全不同的事情上，瞧瞧会怎么样。我打赌，你那天完成的工作只多不少。这是一个神奇的小秘密。工作中换几次挡，会让你感觉大不同，身体和大脑都能感知到变化。呼吸五分钟新鲜空气再回去工作，比起一边假装工作一边浑水摸鱼有效得多。关键是，你要找到适合自己的事情。在后面的章节里，我们会详细了解如何管理注意力和工作动力，那时我们还会继续探寻这个极不寻常但又效果惊人的秘密。

练习：自我评估

你需要：自我意识、可以静心思考的空间
用时：20 分钟
体现了：自我审视

忍者式思维是由上述几个特点体现的：身心禅定、冷静果断、善用武器、神秘莫测、另辟蹊径、机敏灵活、自我审视和有备无患。花一分钟想一想，哪些是你已经具备的，哪些是你需要通过本书着重提高的。在这里做一次笔记，这本书看完以后再回来参考。

已经具备的	还需要一点努力
------------------------	------------------------
------------------------	------------------------
------------------------	------------------------
------------------------	------------------------

忍者不是超人……只是偶尔看着像

> 世上本无事,庸人自扰之。
> ——《新唐书》

按忍者式思维来工作非常自由、有趣,并会让你十分高产。当你成为一名高效忍者,其他人会觉得你有超能力,有时就连你自己也会这么想。

但忍者并不是超人。忍者只是普通人,他们有的是工具、技能和特殊的思维模式。并不存在超能力,也没有氪石。

身为忍者,你将以一贯言必行、行必果,决策英明和工作认真著称。

忍者充满热情,压力之下仍能保持平静。忍者无可替代。忍者的做事方式在普通人眼里很神奇。

对忍者来说,就算是以往最普通的任务也是寻找乐趣、有所发现和实践练习的机会,是把内心的技术迷释放出来的机会。无论你的工作是什么,想一想工作的过程以及工作本身,都有助于你爱上它。你会因为变得更加擅长自己的工作而感到喜悦和振奋,你的压力会减轻,你能感受到从未有过的工作劲头,但是这一路也未必都是一帆风顺的。

忍者偶尔也会失误

> 最好的酿酒师有时也会酿出难喝的啤酒。
> ——德国谚语

因为追求超高的效率,使用非传统的方法,还有许多取决于人的因素,忍者有时也会失误。在传统的时间管理类书籍中，时间管理"专家"们会把自己描绘成完美的超人。他们会给你一些详细的规划图标，在描述取得的一个又一个巨大成就之后让你击掌庆祝。而你，作为读者，依然搞不清楚他们究竟是怎样变不可能为可能的。好吧，一个字都不要相信。无论我们多有条理，多有智慧，看起来或试图看起来多么完美，我们都有可能失误。是的，你也一样。

我们可以追求完美，然后失败，但我们还可以追求身心禅定、冷静果断、善用武器、神秘莫测、另辟蹊径、机敏灵活、自我审视、有备无患，然后成功。是，我们是会犯错误。不，我们不会完美。但我们能以你从未想过的方式提高效率。

简言之，我不可能把你变成超人。如果你想，那么市面上有很多书承诺把你变成超人，但又无法做到。那是个不现实的梦，一个永远不会实现的幻想。

但你可以变成一名忍者。

第二章

压力从何而来

> 对抗压力最有力的武器就是转换思维的能力。
>
> ——威廉·詹姆斯
> （William James）

你很可能是因为感觉到了压力才买这本书的。高效忍者明白，只要有抱负，只要希望把重要的事情完成，各种形式的压力总是在所难免。有时候，起积极作用的肾上腺素升高一点确实是件美妙、让人兴奋的事。我们也知道，保持长期、持续的高产需要专注而又放松、身心能够保持平和，而压力是达到这种状态的主要障碍。本章将为你打开认识压力的大门，教你识别可能的压力来源。下一章我们会继续了解注意力管理，教你如何缓解压力和集中注意力。再见，压力；你好，平和。

战斗还是逃跑：压力根源

你可能听过"战斗还是逃跑"（Fight or Flight）反应。大脑察觉到危险或风险时，就会分泌肾上腺素，使你心率加快，从而产生强大的逃离危险的意识和能力。当我们还在山洞里居住时，这种肾上腺素引发的"冲动"有助于我们脱离威胁和袭击，也能帮助我们猎杀下一顿饭。从某种程度上说，工作就是一种新型捕猎。我们作为动物养家糊口，靠的不再是打猎，而是恪尽职守，得到应得的报酬，再用报酬来负担衣食住行，为家人提供安全感。我们带回家的不是猎物，而是衣食。如此说来，工作仍然关乎生存，我们体内仍有一种原始的呼唤，让我们认真对待工作，即使没了工作也一样要生存下去（通过失业补助、积蓄、生活方式转变或者靠朋友接济度日等）。

心理合约

在员工就职前几周或就职之后，员工和雇主会签一份合同。合同会以文字形式呈现所有基本条款，让双方都有一定的安全感和控制感，对彼此的关系也更明确。但是，你有没有真正想过双方各自的期待？文字合同距离他们的期待又有多远呢？随着事情的发展，员工和雇主各自的想当然会发生什么变化呢？合同的弦外之音是这样的。

员工：
"食堂真不错。菜单每天都换，而且总有健康食品可选。这体现了我的价值。"
"如果我需要照顾孩子，上级会准许我在时间上灵活一点的。"
"工作内容太杂了。"
雇主：
"如果下午5点以后还有工作要做，他们一定会留下来帮我们完成的。"

"除了每天按时出勤,我们还期望员工有独创性,精力充沛,对工作有热情。"

"出差选便宜的酒店?他们会喜欢的。"

这些都是员工和雇主心理合约的内容——一些没说过或者讨论过但没有正式添加到合约里的条款。而合同在你开始工作或上次升职以后,就到架子上积灰去了。是心理合约影响着我们工作中的幸福感、积极性和自我价值感,从而影响着整个团队和公司的士气。心理合约挑战着我们对自我价值和自己如何被评价的认知,也往往是造成压力的根源。

花一分钟想想这种情况:公司没有变更任何正式条款,但一周以后开始用尽解数损害你的工作体验。他们突然要求你工作到很晚;他们一定要你在晚间和周末查看手机上关于工作的信息;你可爱的老板,那个和你关系融洽的老板突然变成了贪心的恶魔;你负责的大客户出现了问题;现在就连请假或想要点灵活的工作时间的要求都被无视了。你回到家,工资没有变,你养家的能力没有变,但整个工作环境较一周前发生了翻天覆地的变化。工作变得没劲了,再也感觉不到自我的价值,你觉得这份工作不再适合自己了。

如果工作于你只是个人生存问题,正如那句老话所说,"工作为了生活,而不是生活为了工作",那你现在不应该有任何辞职的想法。既然工资没变化,晚上多点儿额外的工作又有何妨?

实际上,除了挣口饭吃,我们还想体现价值,希望所做之事有一定的意义。我们希望自己每天工作的公司能够繁荣发展,为员工提供公平、幸福的环境,我们能从公司的成功中获得快乐和身份认同，而且，我们在谈及自己是那个成功企业的一分子时还能收获赞赏。"我们"很快就会成为我们描述自己与老板、公司和团队的代词。如果我们讨厌现在的工作，它依然可以定义我们，我们便成了那种为赚钱而做不喜欢做的事，只对自己的生活负责的人。无论是哪种情况，我们的家人都会感到骄傲，但只有一种能让我们自己开心。

人们常说自己的梦想就是"不工作"，我强烈反对这一点。工作赋予我们意义，我们需要工作。有很多百万富翁已经没必要工作了，但还是继续为自己创造财富，为什么？中了彩票的人却还说"我的生活不会因此有什么变化，我还会继续做兼职"，为什么？我认为他们真正的追求是经济自由，而实现经济自由的根本原因是人们能够选择从事的事业。比尔·盖茨是个很好的例子。我认为他现在的工作时间不比创建微软时少。创建一家像微软那样了不起的公司，会让任何人的母亲都感到骄傲，但与他现在致力于消除疟疾的工作相比，创业的意义便相形见绌了。《每周工作四小时》（The 4-Hour Work Week）的作者蒂姆·费里斯（Tim Ferriss）说过可以使企业管理自动化，然后委托出去，你就可以实现环游世界的梦想了，而且每周只工作四小时。但在多次采访中，费里斯也说过，自己其实"一直忙着做事情"，只不过在遇到不喜欢的任务时，他才将其划到"工作"的范畴中。因此我认为蒂姆·费里斯其实每天要工作十四个小时，他只是不把喜欢做的事情当成工作而已。工作与个人息息相关，对自我认知非常重要，所以，心理合约发生一点变化都会让我们感到焦虑、受伤、气愤、害怕或者受到威胁。如果我们感觉自己受到了攻击，或者工作风险高，自己的表现要受到密切关注，肾上腺素就会开始起作用，这很正常。

压力的表现

无论我们做什么,肾上腺素水平都可能驱使我们变不可能为可能。但如果肾上腺素高出了正常水平,成为不健康、有压力、不幸福的诱因,那我们就会失去工作的积极性和劲头,变得压力山大、感情压抑。压力有很多明显的表现,许多书和诊断书上都会有。我不可能列一个非常详尽的清单,只是把比较常见的、经常发生的挑了出来。这些表现包括:

身体上:
食欲不振,饮食冲动,喜吃甜食,消化不良,胃灼热,便秘,失眠,经常乏累,无故出汗,咬指甲,头痛,肌肉痉挛,恶心,呼吸困难,昏厥,常哭或想哭,性无能,坐立不安,高血压。

心理上:
难以集中注意力,缺乏动力,决策困难,无法在完成任务后再进行下一个,害怕失败或有挫败感,孤独,易怒,怠慢同事或无礼,感觉应付不来,害怕重大疾病,生气,多疑,幽闭恐惧症,担忧未来。

> 焦虑源于缺乏控制感和组织性,也源于缺乏准备和行动。
> ——戴维·凯克奇
> (David Kekich)

你可能会奇怪,为什么一本关于高效忍者的书会讲这么多与压力有关的内容。希望看到上述心理表现后你能意识到,应对压力对取得成功而言有非常重要的作用。通过改变行为,我们可以减轻身体承受的压力，也只有这样才能提高效率。

认清压力的导火索

> 我已上了年纪，晓得各种各样的麻烦，但大多数都没发生过。
>
> ——马克·吐温
> （Mark Twain）

当我们奋战在一线时，辨识压力的能力很重要，却不容易获得。有一些显而易见的指示信号能够帮助你发现它，这是回归禅定状态的第一步。但是认清压力的导火索——工作中一些可能导致压力的因素，并在感到压力前把它们有效地处理掉，就更不容易做到了。花十分钟把可能的压力扼杀在萌芽状态，要比因为没有先发制人而要花几个小时、几天甚至几个星期才从压力里挣扎出来好得多。在这里，我们先看一下较为常见的压力原因，然后在接下来的章节中再了解如何将忍者式思维运用到注意力、邮件、待办事项清单、项目和会议管理中，这样你就可以知道这种思维模式是如何提高控制感和减轻压力的了。

缺乏控制感

缺乏控制感最容易产生压力。不管是应对团队、工作任务还是企业文化的变化，形成完善、周密的工作管理系统有一大好处，那就是可以让一切尽在掌控之中，接下来的事情便都可迎刃而解了。花点时间形成一套驱散压力、实现身心禅定的工作方法，何乐而不为呢？就一个项目、一系列活动而言，你的工作方法越有条理，你就越有控制感，这跟你做多做少没有关系。我们完全可以驾驭好内容繁重的工作。带来压力的不是巨大的工作量，而是对工作的不清楚、不明确。

害怕改变

应对改变一般来说都比较困难，因为我们要经历一段失去控制感的时期，不得不重新调整自己。随改变而来的还有新习惯和新流程，需要我们再学习。原本简单的事情变难了，我们要再花时间掌握新的做事方法。改变也很有可能造成个人冲突和一系列需要解决的新问题。是的，改变确实会暴露一个人最糟糕的一面。但我们对改变做何反应，也会反映出我们是怎样的人。我们应该夺回控制权，拍拍身上的灰尘，继续出发。

对超负荷的恐慌

邮件、电话、书单、文件、社交媒体……我们要面对的新内容的数量之多也是重要的压力诱因。我认为这些信息内容诱发的压力其实大都源于其他形式的原因，上下文中我都有列出。但如果我们已经感觉到压力，一想到会有更多邮件，要做更多决策，分心的事情越来越多，我们就会更感到痛苦，随之陷入极度恐慌。同样，如果准备好完备的系统，你就能打赢这场仗，接下来几章我会继续介绍。

害怕犯蠢

很多有头脑、明事理的人都想一直保持成功的形象，获得老板、同事和同辈的尊敬。不管是主持会议、参加讨论会还是开展项目，我们都会感受到一种"表现焦虑"。开会时，如果没看必读材料，我们倾向于混过去，而不是大方承认，发表有见地的看法。项目失败时，我们倾向于粉饰或推脱，而不愿坦诚面对，检查哪里出了问题，引以为戒。我们希望我们的"本我"给别人留下最符合晋升标准、最成功、最完美的形象。这是一个逻辑自恰的系统：因为我们非常不愿意改变规则，而是把它视为一种文化，所以每个人都不得不遵守规则，否则输掉的是全局，即便我们知道，每个人都有可能失误。

因为一心二用，所以我们总是进退两难：一方面，我们知道自己最喜欢做什么，知道这个项目最需要什么，另一方面，我们还需要撑门面，不能被人觉得愚蠢。所以在这个时候，我们自然而然地对项目该由谁负责变得尽可能含糊其词，退居工作二线，躲避可能把我们揪出来负责，或马上就能识破我们小秘密的人。这听起来熟悉吗？

害怕犯错

> 人生中最大的错误就是一直害怕犯错误。
> ——阿尔伯特·哈伯德
> （Elbert Hubbard）

在明星、政治家、商业领袖及其他公众人物的个人访谈中，每当看到他们把"假装自己可以，你就真能办到"的方法当成独门秘籍来传授时，我都会微笑起来。这些人在你看来都是各自行业的权威，然而在其自信的外表下也都藏有缺陷。他们害怕有一天人们发现自己徒有其表，害怕大家发现自己的工作能力存在一定不足。即使是事业一直非常成功的人也会这么想。也许你也一样。这只是另一种害怕被人觉得愚蠢的形式。我也有同样的担忧，不过这种自我暗示的方法确实有一定作用，因为它能让你更大胆、更勇敢、更有创意，同时你也需要格外小心谨慎，合理地使用它。

避免冲突

任何通情理的人都不会喜欢冲突。那些声称自己擅长攻击的人不是在说谎，就是不值得交往，这样的人天生就有一种以他人痛苦为乐的倾向。然而，一定的冲突比彻底忽略或否定冲突更能增加产出。冲突加剧才是压力不断的主要原因，但只要你勇敢沟通，就能化干戈为玉帛，重新恢复平静，也有望及时实现和解和相互尊重。关于处理冲突的战略技巧有很多书和培训，这个话题也值得进一步探究。

模棱两可带来的不安

以上众多压力的诱因都以一种压力为支撑，这种压力源于对含糊、模棱两可的信息内容的处理。你的上司发来的邮件和加油打气的话都有一定深意，或许代表了莫大的机会，或许潜藏着巨大的威胁。如果你不能分辨，不及时行动，那你便会被看轻，事情也会脱离你的控制，那时的你必定压力重重。所以，面对鱼龙混杂的数字和纸面信息，我们要练就一双慧眼，找到隐藏的机会和需要及时拆除的定时炸弹。很多情况下，压力来源于可能发生的事，而非既定的现实。我们总是模模糊糊地感觉有可能错失机会或留下纰漏，从而感到压力。对愿景和意图的不明确也同样会造成压力。不知道该把项目引到哪个方向，担心自己的期待和同事的不一样，都会带来各种问题。

清晰之于平静，如同模糊之于压力。下一章和本书其他部分将继续讨论这个话题。

练习：压力和我

你需要：自我意识、思考空间
用时：15 分钟
体现了：自我审视

我们再来简要回顾一下刚才讨论过的压力根源。下面哪些最能影响到你？从 1 到 5 给自己打分，看看哪些影响小，哪些影响大。

压力范围	1	2	3	4	5
对超负荷工作的恐慌	☐	☐	☐	☐	☐
不清楚要做什么	☐	☐	☐	☐	☐
决策困难	☐	☐	☐	☐	☐

压力诱因	1	2	3	4	5
大家对我期待很高	☐	☐	☐	☐	☐
表现焦虑	☐	☐	☐	☐	☐
没人听我的意见	☐	☐	☐	☐	☐
怕犯蠢	☐	☐	☐	☐	☐
怕冲突	☐	☐	☐	☐	☐
团队工作方式变化	☐	☐	☐	☐	☐
外部环境变化	☐	☐	☐	☐	☐
模棱两可	☐	☐	☐	☐	☐

压力不是 CEO 专属的

很多人认为压力最大的人是公司高管。身居要职确实会带来压力，这毋庸置疑。我曾经也做过 CEO。实话对你说，我经历过很多不眠的夜晚，与压力和超负荷工作进行过激烈的斗争。我也和多名大公司的 CEO 聊过，他们试着与压力共舞的故事和我相似：他们力图把压力降到最低，使之达到自己能够承受的状态。他们并没有使用什么神奇的方法让压力彻底消失。但是，企业的每个层级都存在压力的诱因。企业中层和基层的员工较高管要承担的责任更小，对工作的支配权也更小，但业绩不能差。我最同情的是中层员工：想要和身边每一个人都搞好关系，同时还有来自 CEO 和顶头上司的各种压力和要求，可谓是夹在中间的"企业三明治"。压力不是职位等级能够决定的，它取决于工作或处境有没有制造压力诱因的可能和我们自己的应变能力。

是时候重拾判断力了

在工作中倍感压力的人一般持有两个错误的观点，本章结尾，就让我们来纠正一下。

1. 我完蛋了。
   （不，不会的。）
2. 别人都比我做得快，比我成果多。
   （知道真相后，你会哈哈大笑的。）

放松,没那么严重。

压力的对立面

以下是我们的目标:轻松高产的工作动力和控制感。这个目标能让你保持平静,更可能有规律地进入身心禅定的状态。

轻松:你是积极、放松的,认为自己有很大机会取得成功,虽然你偶尔也会犯错误。
高产:你知道自己已经做好了准备,一切都已进入最佳状态。
工作有动力:一段非常好的工作状态,能让你精神振奋,从而完成更多了不起的工作。它与拖延和压力的效果截然相反。
控制感:给你继续做下去的力量和信心,让你有更强的工作劲头,更轻松、高产。

我知道这里有很多内容需要消化,但是它们和外部世界让你感受到的压力、羁绊和麻木相比,只有一点不同:你的思维状态。

> 压力是一种茫然无知的状态,认为每件事都十万火急。
> 一切都没那么严重。
> 放轻松。
>
> ——娜塔莉·戈德堡(Natalie Goldberg)

练习：消除压力诱因

你需要：自我意识、思考空间
用时：20 分钟
体现了：自我审视

通过这本书，你会对怎样成为一名高效忍者有越来越深刻的认识，同时也会逐渐消除本章中讨论的压力诱因。我还为你准备了很多方案，可以帮你做出改变。这些改变将对你的工作和生活产生深远的影响。

现在，我们还是先来看需要立即做出改变的方面。是时候夺回控制权了。再看一遍下方列出的压力诱因，把首先能够采取的最明确的步骤写出来，先尝一尝压力减轻的滋味。为了达到身心禅定，你可以根据需要采取相应的步骤，可以尽可能多，也可以尽可能少。我已经为你提供了一些建议。

缺乏控制感：花五分钟清理桌面，为工作腾出空间。

写下你自己的方案 ....

害怕改变：把目前生活中发生变化的方面写下来，或找个人聊聊——两人分担，困难减半。

写下你自己的方案 ....

对超负荷的恐慌：阅读 4~6 章并做练习。

写下你自己的方案 ....

害怕犯蠢：对于你一直想要蒙混过去的事情，冒个险，向团队说清楚、说具体，负起责任。

写下你自己的方案 ....

害怕犯错：用"假装自己可以，你就真能办到"这个策略。保持眼神交流，深呼吸，带着自信说出你必须说的话。只要你最终做到了就可以。

写下你自己的方案 ....

避免冲突：发生冲突时，要有勇气和对方沟通，即便结果是"同意各自保留意见"。

写下你自己的方案 ....

模棱两可带来的不安：给自己十分钟想想现在面对的一个问题，做些记录，帮助自己形成思维框架。

写下你自己的方案 ....

你是忍者吗？

- 忍者克服工作压力的方法是有所准备，果断处理工作任务。
- 忍者非常谨慎，能够发现主要的压力来源并与其做斗争。
- 忍者知道如何实现身心禅定：冷静果断、有备无患、自我审视。

第三章

注意力管理

我们只想投身艺术。我们正在以越来越快的速度被拉向坟墓。我们没有画出的画，别人也画不出来。所以我们不需要购物，也没有必要下厨。投身艺术的生活非常非常简单。

——吉尔伯特·普勒施（Gilbert Proesch），艺术家，"吉尔伯特和乔治双人组"（Gilbert & George）成员

我们曾经训练自己把大脑清空。那是一件非同寻常的事。我感觉眼前浮现出一片沙漠，我们可以对它做些什么。

——乔治·帕斯莫尔（George Passmore），艺术家，"吉尔伯特和乔治双人组"成员

以时间管理为主题的书很多，而聚焦注意力管理的书却是凤毛麟角。本章旨在介绍一些重要的注意力管理习惯，拉近你与高效忍者间的距离。

本章主要从四个方面帮助你进行注意力管理：

1. 根据注意力水平安排工作

2. 保护注意力不被打扰
3. 通过提高大脑效能，延长注意力集中时间
4. 挖掘新的"注意力资源"

在详细了解这四个方面之前，我们先来看一下在信息超载的时代，注意力管理为什么如此重要。

在知识型工作的时代，你不仅是员工，还是老板

你还记得做过什么不需要任何判断力的工作吗？在柜台后的某个地方，或者在糕点厂？比如，你守着一大盒樱桃，等着传送带传来一排带糖霜的糕点。你的工作非常简单，可以一边打盹一边做：在每块糕点上放一颗樱桃。没什么可以拖延的，也没什么机会让别人觉得你愚蠢，或者失去控制感。下班回家以后，你也不需要再想什么事。这种工作简单到连宿醉时都可以做，你永远都不需要有最好的状态，也几乎用不到你宝贵的注意力资源。从某种角度看，这样岂不是很好？这类工作的成功标准也非常容易达到：只要在所有糕点上都放了樱桃，你就成功了。如果你只在不到一半的糕点上放了樱桃，那就不怎么样了。监督人员无论是查岗还是检查你的工作都会非常轻松，老板也很容易就能把控整体运作。

此时此刻，你可能很想回去做那种简单的工作，心中不由地升起一丝惆怅。可是现在，那种工作几乎已经不复存在，大部分被电脑或机械自动化取代，余下的是在酒吧或者咖啡厅的临时工作，一般薪水都不高。彼得·德鲁克（Peter Drucker）在很多年以前就预测到了这种情况。他预测到了工业时代的结束和信息时代的到

来。人们将脱离酒吧和糕点厂那种功能型的工作，转向"知识型工作"（knowledge work）。知识型工作的要求不是执行某一个特定的功能，而是通过信息来增加或者创造价值。想一想，你就会意识到，这正是你现在工作的本质。在英国，很多工业化程度较高的城市都已经开始转型，大规模地向初级知识型工作时代迈进。

设想你的工作是早上9点到糕点厂，接过一大盒樱桃后开始在传送带传送来的糕点上摆樱桃，一块糕点上摆一颗。传送带减速，你也减速；传送带停了，你只能等。你按时按点地休息、放松、吃午饭，工作结束的时间可以精确到分钟，甚至秒。如果现在是周五下午5点钟，你准备从糕点厂回家过周末。你觉得你在下周一上午9点之前还会再想任何有关樱桃的事吗？你觉得你会在周日晚上坐在家里，担心明天可能出问题的事情吗？当然不会。虽然摆樱桃的工作有些单调乏味，但至少非常清楚。需要做什么，怎么开展，如何改进，这些都一目了然。

你做的知识型工作和在工厂里往糕点上摆樱桃不同，因为你的工作中存在各种各样的不确定性：还是在糕点厂，突然间，厂里除了在蛋糕上摆樱桃的人，还多了检查樱桃的人、决定轮班时间和传送带速度的人、负责裹糖霜的人在请假期间的代班、车间运行负责人以及战略总裁。现如今人们更注重健康饮食，战略总裁要决定工厂是否应该放弃生产糕点，把樱桃拿去做水果沙拉。开始劳心费神了吧？欢迎回到你的世界。

老板员工一起当

做任何知识型工作，你都有双重"身份"：既是"老板"，又是"员工"。你的职责有：

- 决定做什么工作（老板模式）
- 做工作（员工模式）
- 处理最新信息内容（员工模式），根据信息决定是否调整优先事项的顺序（老板模式）

你马上就会感觉到冲突，很可能对一天中什么时间该扮演什么角色犹豫不决：老板模式（思考和分析工作、创造成功的条件、计划下一步工作）和员工模式（所有"在糕点上摆樱桃"式工作），哪个需要我投入更多的精力？进入老板模式以后，你自然会知道一线员工都需要做什么。

但是，当你开始着手完成待办事项清单，如果有新项目出现，需要你日后投入宝贵的时间思考一番，你还是会一边做事一边把它们记在大脑里。由于大部分人对老板模式和员工模式都没有明确的定义或区分方法，经常有因为不确定是否做出了正确的决定而倍感压力的时刻，从而造成拖延——缺乏二者间的界线或良好的工作习惯会让你一直处在老板模式，不停地思考，而真正"做工作"（员工模式）时又始终不能确定自己做得是否正确。

这时，你就需要"注意力管理"了——在应对压力和信息超载时对你最有帮助的新朋友。

注意力究竟是什么

对你而言，注意力是比时间更稀缺的资源。你身上是否出现过这种情况：一天结束之际，你还有一堆事情没做，你仍然有动力去做，也有必需的工具和信息，却发现自己一直在发呆？遇到这种情况，你总是拿"没有时间了"来安慰自己，但其实你只是耗尽了注意力，没办法再集中了。还有些时候，你觉得好像一整天都在开会，一个接着一个，直到下午4点才有机会坐到办公桌前看一看邮件，抓紧时间读读资料或者做一做计划，从中找到一些控制感。你可能觉得遇到这种情况也是因为没时间，而不是缺乏注意力。又错了。注意力好比金钱，是越花越少的。如果开会用去了你80%的注意力，那就不要奇怪剩下的20%只够你处理几封邮件。注意力耗尽以后，你就只有静静地发呆，感觉不知所措了。但你不能欺骗自己，笃定这是别人的错——如果除了考虑开会消耗的时间，你还开始考虑它消耗的注意力和精力，那么你很快就会明白，复杂、艰难的会议对个人资源来说是莫大的浪费。

注意力就是你持有的货币。我们常常不缺时间，却缺乏注意力。谨慎使用这种货币，因为它是世界上最有价值的。

时间 + 适度的集中和专注 = 完成

注意力是有限的

> 唯平庸之人状态常佳。
> ——科林·鲍威尔
> （Colin Powell）

注意力水平在一天当中往往会有波动。为方便起见，我做了粗略的分析，大致将注意力划分为三种类型。

主动型注意力

处于主动型注意力期间,你不仅全神贯注,而且非常机警,会达到最佳工作状态。你能随时准备做出重大决定或处理疑难任务。这种程度的注意力至关重要。我希望你能通过这本书认识到主动注意力的真正价值。

积极型注意力

处于积极型注意力期间,你能够投入到工作当中,在任务清单上一路打钩,但工作劲头很容易消退。你总是容易分心,虽然有时灵光乍现,但工作上常常马马虎虎。这种程度的注意力还算有用。

不积极型注意力

此时的状态就好像家里开着灯,但是没有人。你没剩多少脑力了,而你却还要与艰难、复杂的任务做斗争。在这期间的注意力并不是一点作用都没有,只是其价值非常有限。

当然,这些只不过是粗略的人工划分,但如果你想要通过良好的注意力管理达到效率最大化,那么这种划分对你很有帮助。两年以来,我一直在观察我自己的注意力管理趋势和过程,也和其他人讨论过他们的方式方法。

以下是我在工作日的常态。

上午8~9点	积极
上午9~11点	主动
上午11点~下午1点	积极
午饭	不积极
下午2~3点	不积极
下午3~4点	主动
下午4~5点	积极
下午5~6点	主动
下午6~7点	不积极

这张表与你的日常工作模式应该有九成相似，还有一成是只适用于我的。你也会发现自己的注意力特点，如在什么时间达到峰值。

让我先简单说明一下我的情况。我不习惯早起，不是那种喜欢在早晨工作的人。每天早上我都需要一段时间才能进入状态。因为大脑不是很清醒，所以我开始工作的第一件事就是喝杯咖啡，或者从之前在主动注意力期间制定的计划里找一个好的想法，从它入手开始创造工作动力。此后连续几个小时里，我可以一直保持精力充沛的状态。我希望可以利用这点时间做好一天中重要的决定。午饭前和午饭时，我的状态会逐渐变差。午饭后，大部分人都是懒洋洋的。我经常在这段时间做培训或者演讲，我们都因为这个原因将这段时间视为"非黄金时段"。比较有趣的是，我经常在状态消退前经历一小段主动型注意力高度集中的时间。此外，工作日即将结束的事实也会额外催生一点注意力，但这是要付出代价的，因为状态消退之后你会感觉筋疲力尽，什么都做不好。

我有多少主动型注意力呢？

比想象中少。

周一到周四每天 2~3 小时，周五只有 1.5~2 小时。

练习：我的注意力时刻表

你需要：纸笔、老板模式下的主动／积极型注意力
用时：20 分钟
体现了：有备无患

- 拿一张纸，把你平常工作日的状态变化画出来——流程图、清单、折线图、思维导图或者表格，你觉得哪个合适就用哪个。
- 你的图表要包括起止时间、休息时间以及工作前和工作后的活动（比如回家，或者在到达办公室之前查看邮件等）。
- 在这些事情上方标出你的注意力持续时间：哪段是主动型注意力时间，哪段是积极型注意力时间，哪段是不积极型注意力时间？
- 把你的新发现记下来，想想你最适合和最不适合处理非常关键、困难或复杂的任务的时间。

区分想与做，分清老板和员工

> 效率绝非偶然。效率背后是追求卓越、巧妙安排和专心致志。
>
> ——保罗·J. 迈耶
> （Paul J. Meyer）

管理注意力是为了创造轻松、高产的工作劲头，增强控制感，减少压力，让你有信心认为自己已经尽力做到了最好。

值得注意的是，在工作过程中，信息输入会流经四个阶段。最好记住这四个工作阶段的首字母缩写：CORD。我会在第五章中详细解释，这里先说明其主要构成。

- 收集（Capture&Collect）：不管信息何时出现，把它们收集起来。如果突然有好的想法，也记下来（开会时或者办公时都可以）。
- 整理（Organize）：把所有信息看一遍，理解信息内容。这一步主要用来弄清楚什么可以做、什么重要以及你什么时候想做。你可以把信息整理成待办事项清单的形式。我也希望你能通过本章的思维训练，形成更为高级、灵活的信息处理系统。
- 回顾（Review）：浏览一遍待办事项清单或整个信息处理系统，包括所有任务和承诺，从中选出你需要着手处理的事情，确定开始处理的时间。
- 实施（Do）：完成任务，在糕点上摆樱桃。

那么，你该什么时候处于老板模式，什么时候处于员工模式呢？收集、整理、回顾和实施这四个阶段分别需要哪种注意力呢？虽然会有特殊情况，但基本可以参考下表。

工作阶段	不积极型注意力	积极型注意力	主动型注意力
收集 （员工模式）	√		
整理 （老板模式）		√	
回顾 （老板模式）			√
实施 （员工模式）	√	√	√

从表格中可以看出，老板模式或者整理与回顾阶段是最需要积极型和主动型注意力的。从很多方面说，对工作进行分析是最困难的工作环节。如果你花一周的时间思考解决方案，解决潜在的难题，那么实施起来会比较容易。实施解决方案只需要拿起电话，写几封邮件，谈几次话或者做些研究，这是知识型工作者最基本的工作内容。需要花时间、耗费精力的是思考。能够区分想和做既有利于想，也有利于做。

> 最难不过是思考。可能正因如此，热衷于思考的人少之又少。
>
> ——亨利·福特
> （Henry Ford）

我们已经知道，在追求高效、减少信息超载和缓解压力的过程中，主动型注意力是最稀缺、最宝贵的。你需要擅长做四件事。

1. 根据自身注意力水平安排工作。
2. 尽可能保护注意力免受自己分心和他人打断的影响。
3. 尽可能提高注意力水平，把不积极型注意力"提高"为积极型注意力，把积极型注意力变成主动型注意力。
4. 尽可能从过去找不出额外时间和精力的事情中多挤出一些注意力和时间。

根据注意力水平安排工作

从针对做什么、什么时候做等问题进行大量决策，到更新联系方式、归档文件和更换打印机墨盒，每种工作都有不同的工作任务。你一旦开始关注注意力水平，就会意识到在主动注意力期间更换墨盒是多么罪恶的事情。虽然你可能感觉这和在其他时间换墨盒没什么区别，但你是在用大锤砸坚果，大材小用。是的，注意力管理就是这么微妙。

下一页，你会看到我如何尽可能把事情归类到不同的注意力水平时间段内。

现在你有必要考虑一下自己的优势和劣势。把特别困难的工作留到主动注意力期间完成，把紧张但容易做的事情留到积极注意力期间去做，留着简单枯燥的任务，到其他事情做不下去的时候再去处理。

主动型注意力是宝贵的：合理分配

虽然主动型注意力有一定的变化规律，但每天，有时每一分钟都会发生变化。所以为了能够根据注意力水平安排或选择适当的工作，你要准备尽可能多的后备工作选项，以便自己能够自信、平静地根据所掌握信息随时做出选择。很多老板模式的工作都是确定最佳的目标实现途径，完成这些工作需要我们具备主动型注意力，能够进行关键的战略决策，所以你要确保自己的思考都是在主动型注意力期间完成的。完成这种思考以后，你能收获一系列最佳的后备选项，帮助自己做出选择，同时还有最合适的信息帮你决定你在员工模式下应该做什么工作。

任务示例

主动型注意力	积极型注意力	不积极型注意力
关键决策	日常决策	整理文件
项目规划和审查	安排今天的工作或者掌控任务清单中的内容	订购文具等网购任务
大部分电话（部分原因是我想尽可能听得仔细，部分原因是我不太享受这个过程）	上网搜索信息	打印
重要邮件	大部分邮件	删除邮件或扔掉不再需要的文件
主持会议	参加会议	参加我不重视但又不得不参加的会议
发挥创造性思维，编写新的培训材料	准备培训班的宣传材料，确保我已经准备好所有需要的东西	煮咖啡！

如果你一直处于注意力不积极或积极的状态中，却对下一步会发生什么、该怎么做没有预测和规划，那么你很快就会变得思路不清晰，感到压力，拖延症发作，甚至做出糟糕的决定。

主动型注意力和老板模式

在接下来的几章里，我们会讨论在各个工作阶段（收集、整理、回顾、实施）你应该如何管理待办事项清单和行动。长时间的压力可能使你无法投入足够的主动型注意力处理老板模式的工作，尤其在回顾你的职责和首要任务的时候。回顾是粗中取精的阶段，你会客观地看待自己手上所有的承诺和项目，确保当前的后备选项尽可能紧跟事态的发展。如此一来，你在实施阶段就会毫不费力。因为处于老板模式时，你已经进行了有质量的思考，所以在员工模式时你真的会感觉工作就是在糕点上摆樱桃：没有冲突和疑惑，只有轻松高产的工作动力和控制感。为此，你要把主动型注意力首先用于工作中的思考环节，而不是具体的实施环节。这应该是所有高效忍者的主要目标。

这一切听起来虽然容易，但你可以想一想，当你在工作时处于主动型注意力期间，周围在发生什么？之前我说过，上午9~11点是我的最佳主动注意力时间，但也正是在这段时间里，同事想要占用我一点时间，大部分邮件、电话都会在这期间进来，我有无数个想法要深入研究，还有几个约会在等着我……我必须进入非常专注、坚定和果断的老板模式，才能充分利用好这段时间！也正因如此，我上午经常不在办公室工作。我想把主动型注意力留给需要全力做好的工作，在积极或不积极型注意力期间再去做不需要全身心投入的工作。

保护注意力免受分心和打断的影响

只有在主动型注意力期间,我们才能实现老板模式的思考。

达到能保持平静和控制感的最佳思考状态需要同时具备两个条件:处于主动型注意力最集中的时期,以及专注于思考,直到思考自然结束。如果中途因为什么事情分心,你就会感到虽然做了些思考,但还是不能确定思考得是否彻底;事情不明朗,就会给下一个阶段造成潜在的压力。

总体来说,干扰分为两种:内在干扰和外在干扰。

内在干扰:我们面对的最大干扰就是自己的想法

现在,你正准备坐下来写报告。员工模式已经开启,老板模式的思考已经尽力完成,所以下一步该动笔了。但是等一下——你的上司离开了!现在,你只是一个微不足道的小职员。既然上司不在,没人会介意我扫一眼社交网络,或者赶紧跑去沏杯茶,和同事聊聊天。

我们无时无刻不在与来自我们自己的干扰做斗争。别的事好像都比我正在做的有意思。有时候,你是不是感觉得把自己绑到椅子上或是铐到桌子上才能写东西、想创意、处理业务、解决困难或者完成工作?我们似乎有许多独特、有创意的法子让自己分心——如果能把这些绝妙的创意用到工作中就好了。

高效忍者在这一方面很了解自己,他们能够养成更好的习惯,更有效地抵抗来自自己的干扰。以下是一些你可以借鉴的方法(在以后的章节中我们还会继续讨论)。

尽快摆脱新想法——让"老板"闭嘴

工作时，尤其是在做一些相对枯燥乏味的任务时，你的大脑里会出现老板模式的声音，告诉你他给其他项目想出来的新点子，让你脑中充满其他需要完成的事情。总而言之，老板就是想让你退出员工模式，进入老板模式。为了克服这一点，你需要把所有的想法捕捉起来，以便日后再回来处理（即整理和回顾阶段，需要的话，还要采取相应行动）。在手边准备好纸和笔。当然，只有你认为自己一定还会回来处理那些捕捉到的想法时，这么做才行得通。

处理而不是查看邮件

大批量处理邮件、每天把收件箱清零几次的做法在很大程度上可以减少背景噪音和你查看收件箱的欲望。到收件箱消磨时光不过是给自己找个分心的事罢了。是的，我刚才确实是说，要把收件箱清零。下一章中，我就会告诉你怎么才能做到。

适时戒网

网络集好坏于一身，既是最好的生产工具，也是最厉害的拖延工具。你看得出问题在哪儿吗？重点是，你要了解自己：你在一天中的什么时间想获取巨大的信息财富，然后决定什么时间要控制住自己不看视频，不把宝贵的注意力资源浪费在各种社交媒体、名人八卦和网络文章上。要知道，互联网是你最好的朋友，同时也是你最大的敌人。有时候要尽可能远离互联网，不要让它变得触手可及、想上就上。

选择性忽视

> 每晚,我们都去同一家餐馆,吃同样的晚饭,一连持续几个月才会换口味。然后每晚又吃同样的饭菜,直到下次再决定换。我们不喜欢翻看菜单或者考虑吃什么。对我们来说,那属于浪费脑力。
>
> ——乔治·帕斯莫尔

"选择性忽视"是蒂姆·费里斯在《每周工作四小时》中使用的词,他用它来介绍一个理念:永远不要买报纸或在不必要的媒体上消费精力。为此他列举了自己寻找"捷径"的方法,比如在政治方面可以向朋友征求靠谱的建议,不用浪费太多时间就能判断该投谁的票;以及如何刻意避开让自己分心的事物或网站。当然,这也涉及个人偏好的问题:我本人就很喜欢看政治类新闻,觉得政治家的"游戏"特别有趣。所以,我不喜欢参考朋友的投票建议(虽然我大部分朋友都有很强的判断力),失去这个过程中的乐趣。同样,很多人就喜欢一边喝着茶放松,一边看看星期天的报纸。这要看你自己怎么妥协了——放弃一点享受或者忽略一些小赢,知道少即是多。我曾经每周花一个小时左右了解最新贸易资讯和行业新闻等信息,这种事做起来比较容易。一段时间过后,我发现不管我看与不看,重要的事情都会传到我这里来,我就索性取消了订阅,一周里又少了件令我分心的事。在这方面,你也有很多可以挖掘的例子。

寻找世界上的信息 DJ

一个减少压力、应对信息超载的绝佳窍门就是寻找一位

"DJ",而不是自己去搜集"唱片"。"信息 DJ"就是那些热衷于策划、编辑,把没用的部分去掉,只给你内容提要或最好的部分,引导你思考的人。约翰·皮尔(John Peel)就是一位传奇 DJ。目前 BBC 的 DJ 吉尔斯·彼得森(Gilles Peterson)也是一个很好的例子:他周游世界,和世界范围内有趣的音乐人取得联系,然后每周为听众献上 3 个小时独特的音乐串烧。如果没有他的帮助,其中大部分音乐是我永远都发现不了也理解不了的。世界范围内产出的内容越来越多,有很多值得我们关注,但也有无数内容有必要忽略。TED 演讲扮演的就是信息 DJ 的角色:它通过组织活动和自己的网站,从不同的演讲者那里发现各种各样有趣的想法。

我认为我们正在走向信息 DJ 的时代。我也希望我们的组织可以充当信息 DJ 的角色:我们通过博客和领英(LinkedIn)小组发现、评论和分享一系列关于效率的观点。我们也会加入自己的看法,同时辩论、聆听、联通。这么做是因为我们在乎。而你,应该寻找的是信息 DJ,而不是没有情感、不与你互动的发言人。

不要做早期采用者

成为所谓"早期采用者"(early adopter)是一件很酷的事。曾经,苹果新出一款 iPad 或 iPhone 时,看一眼在苹果商店外面安营扎寨的长龙就知道,人们喜欢成为第一个拿到新产品的人。但是,这其实不是明智之举。先让其他人试一试,然后向他们询问使用感受(他们一定愿意告诉你,因为成为早期采用者的目标之一就是向任何可能听的人炫耀),再决定自己买不买。购买在线软件也是一样。市场上有成千上万个网站声称自己会成为下一个领英，颠覆你的生活。其中一些可能如愿以偿，但大部分在几个月后就淹没在历史的长河中了。

耐心是美德。你不需要看起来很拉风，即便真想，也没人真的在乎。在你临终之前，没有人会问你拥有什么、用过什么软件，当然也不会问你是不是第一批买的。

意识到你的逃避策略

你极富创造性的大脑会想出几百种方法让你避开太过枯燥、没有挑战或缺乏成就感的事情。要一直留心观察自己有哪些逃避策略，然后开始消除它们。你的策略可能不同，但这些年来，我选择过的有：

- 收拾房间。
- 在办公桌上乱做其他事。症状包括贴非常多的标签、换订书钉、整理文具或抽屉等。
- 吃。当然，吃有时候是必要的，但是花两分钟吃巧克力棒比想工作和做工作都容易得多。
- 上网搜索或购物。
- 和同事闲聊。
- 刷社交网络。
- 听音频，错误地认为花一半注意力在能为自己带来灵感的事情上可以促进目前手中的工作——我会在后面详细说。
- 鼓捣新出的软件或需要进行很多"设置"的应用（RSS阅读器就是一个很好的例子），错误地认为这样做便可以节省时间、见到回报。

- 在网络论坛或小组里和别人讨论，就某球队在下个转会窗口会买下谁发表非常有启发性的、有价值的观点。
- 做轻松有趣的工作，而不是现在真正需要做的事。

这些都是拖延策略。你可能觉得其中有些策略有点儿用处，其他的则没那么有用。不过重要的是，这些都可以用最少的注意力完成。所以，如果你正处于主动注意力阶段，这些事情可以之后再做。

外来干扰：应对他人的影响

仅靠自我意识是无法保护好注意力的，理由非常充分：我们的世界里充满了其他人，所有人都可能打断我们，让我们偏离自己的道路。所以，面对这么多"敌人"，我们必须毫不含糊地守护好自己的注意力。应对内在干扰像是一门科学（观察行为，判断大脑里在想什么，培养新习惯，测试有效性，重复），而应对他人的打断则像是一门艺术，最重要的是你的敏捷度、技巧性以及常常需要做些美化的果断与坚决。

有几种非常明显的打断类型是我们可以直接回绝的，但是更多的打断形式比较难以察觉。后者，我们稍后再谈。

推掉大部分你被邀请参加的会议

开会尤其能让你把时间花在对别人而不是对自己重要的事情上。不参加与你的项目或职责没有直接关系的会议，或者找个比参加会议更简单的参与方法，做到这一点很重要。众所周知，我们有时候需要一些创造力，甚至是一点欺骗才能实现这种目标。

这都情有可原，因为浪费整个早上为别人的工作提供建议是一种奢侈且非常愚蠢的行为，是对你宝贵的主动型注意力的亵渎。稍后我再详细说明，但是有可能的话，直接拒绝吧。

不接电话

电话是最严重的干扰之一。接电话既浪费时间，又浪费精力，无论是接听，还是从电话的状态中回来（"啊，我刚才做到哪了？"那些你一挂上电话就要对自己说的话）都是如此。试试这么做：决定开启主动型注意力处理工作时，关掉手机。如果办公桌上有固定电话，调成自动应答模式。在熟练后，你可以有意识地选择开着手机，给自己一种由自己确定某段时间专门用来接电话，而不是从一开始就拒绝任何电话的控制感。

这么做还有一个比较好的原因。我们一直低估了语音信箱作为沟通媒介的作用。使用语音信箱是单方向的沟通，不是双向的。如此一来，打电话留信息的人几秒钟就可以切入正题，不用先寒暄几分钟。当你回电话时，你们的谈话已经进行到一半了。

尽可能经常关掉邮箱

奇迹发生在邮箱之外。事实上，你大部分的工作成果都不是在邮箱里完成的。我们都是社交动物，收到新邮件时"叮"的一声就足以勾起我们的好奇心，放下手中重要的工作，查看一下是谁在打招呼。在这个过程中，我们中断了一天中最重要的工作，失去了专心致志的阵地，为的是什么呢？通常情况下，我们收到的都是发给全体员工的邮件，比如告诉我们财务部的朱莉从希腊度假回来，带给大家一些糖果，或者是提醒大家下周要开员工大会，而你已经在日历上做了标记。而且，很多人早上到办公室的第一件事就是打开邮箱，每天晚上下班回家前的最后一件事就是关掉邮箱，一天与邮箱相伴。这就意味着你极易受到外界干扰，而这是很容易就可以避免的。关掉邮箱，哪怕是每天只关掉几个小时或每半个小时关一次，都能让你头脑清醒，减少可能让你分心的噪音，帮助你更容易集中精力处理真正重要的事情。

设置一个防干扰的明显标志

埃琳娜是 Think Productive 办公室里的红人。她在许多项目中都是我们与客户之间重要的中间人，也是举办培训和提供行政支持方面的高效忍者。所以，很多同事不时会问她问题，所有问题都会打断她的工作进程。如果她需要一点主动型注意力的时间，就会在桌子上放一个小陶瓷猫。办公室里的其他人——包括我（她的老板）——都知道只要这只猫出现，就说明她需要一些主动型注意力的时间，我们便会留着问题和想法，先让她保持专注。我也见过其他方法：自己做的塑料标识、白板、帽子、在椅子后面贴上类似警用的胶带——"退后，这没什么好看的"——等等。但最简单也最有效的办法应该就是戴上一副大耳机了。戴耳机有一个比较实用的功能，就是能用音乐淹没办公室里的吵闹声（但也分人，有些人喜欢边工作边听音乐，有些人觉得这样难以集中注意力）。此外，你确实可以利用这个装置回避那些冲着你来的只言片语或零星问题。如果戴耳机时你确实被人打断了，那么打断你的人也很清楚自己打断了你的工作。

在家或其他地方办公

当然,想不被办公室里的噪音和恼人的杂事打断或干扰,最好的办法就是不在办公室办公。在家办公是个不错的选择,但在家有家里的事情让你分心:"先把昨晚的碗洗了,再用吸尘器清清休息室里的灰,然后再写报告吧。"不是每个人都适合在家办公。我发现我在火车上和咖啡馆里能做一些高质量的思考工作。有些地方的气氛和环境相对安静,但仍然有令人分心的东西:桌子、平板、电脑,还有你自己。而在咖啡馆,我除了喝咖啡就只能认真工作了,所以我经常去那里。

说"不"

当你正处于高产的主动型注意力期间,一项重要任务进展得很顺利,如果有人在关键时刻打断了你,你要直接对他说"不",不要感觉愧疚。可以安排一下时间,把答疑或需要你参与的事情挪到你觉得注意力正在减退的时间段去,这样做可以留住你宝贵的注意力,延续工作动力。不要为了别人不合时宜的问题立即放下所有的事。

了解大多数信息都没什么价值

要慎重选择你放下所有去看、去研究、去做的事情。在信息时代,你可能通过朋友介绍或社交媒体分享等途径轻易就能找到机会。你没有必要再环视四周搜寻机会了,应该让重要的事情找到你。

提高注意力水平:变不积极为积极,变积极为主动

事实上,如果你感觉大脑已经进入了不积极型注意力的状态,

那么做什么都无济于事了。你已经累了，无法再集中，或许动力也少了。但是，你可以通过做很多事来培养良好的习惯，让大脑更健康、快乐，更有可能延长主动型和积极型注意力的持续时间。在这之前，我们先来看几个权宜之计——注意力管理的创可贴。

改变你看到的东西

如果感觉自己开始变得懈怠或不积极，"骗"大脑增加一点积极型注意力是有可能的。你可以让大脑立即产生一种需要再适应一下周围环境的感觉。如果有人请我帮忙开一个很长的会，到了下午，我会让与会人员移动一下椅子，面朝与原来不同的方向。这样在视觉上做出一点小小的改变可以再次唤醒意识，延长注意力集中时间。如果你是在房间里写一篇很长的报告，可以每半个小时左右换一次地方。如果你在做 Excel 表格，可以先把所有字改成红色，过半小时再改成绿色，以此类推。这些视觉上的变动真的可以让你再多坚持一会儿。

改变工作内容

如果你总是苦于保持专注，可以每半小时到一小时改变一下工作内容。不要一直盯着一个地方想报告。可以处理半小时邮件，写半小时报告，然后花半小时做其他事，再写半个小时报告，这样循环下去。保持好注意力的状态，不断前进。

改变环境氛围

到外面散一会儿步。肺里清新的空气，身体的移动，视觉、声音、气味和思维模式的改变都会再次唤醒你，让你再坚持一会儿。如果不能到外面去，可以打开窗户，对着新鲜空气做几次深呼吸，花五分钟欣赏眼前的景色和周围的事物。做这些事花掉的时间是很有价值的，你可以在此期间变得清醒，让注意力再次凝聚。

锻炼大脑

此前的方法都是些权宜之计，一年之中能给你带来的宝贵作用少之又少，你会发现只有几天效果还不错。以下才是持续提高注意力水平的黄金三件套：充足营养、体育锻炼和冥想。锻炼大脑就像锻炼肌肉，和每块肌肉一样，大脑与整体的健康息息相关。身体健康，头脑才能健康。很多有关提高效率的博客和书籍都只关注捷径、窍门和使用大脑这个工具的方法，却不太关心如何改进工具，增加容量，增强我们有所作为的潜力。下面这些策略在提高注意力、专注能力、警觉性和整个大脑功能方面能够产生神奇的作用。一些建议属于常识，还有一些你会觉得非常奇怪。你不一定每条都要试，但我还是希望你都看看。

> 当生活陷入危机，不管是受到猛烈的抨击还是压力郁积，我首先做的就是回到根本问题上——我吃得好不好，睡得足不足，每天有没有锻炼身体和大脑。
>
> ——爱德华·艾伯特
> （Edward Albert）

为大脑供能的十条准则

关于营养的书籍成百上千，我建议你在这个领域里花点时间思考、研究、做些计划。营养好不仅有助于提高效率，还能让你更开心，生活得更健康、更长寿。营养学确实需要单独花时间研究，本书只对十条准则做简单介绍。

❻ 喝水——即使你还不渴

脱水是注意力减退的一个主要原因。你感觉到口渴的时候就已经太晚了，身体只有在极度缺水的情况下才会向你发出口渴信号。你可以在桌上放一个大玻璃杯或者水壶。如果你不习惯喝水，就找一个办法把喝水这个动作融入日常工作中去。

❻ 吃五到六次简餐比吃三顿大餐要好

身体要制造能量，需要消耗能量。如果每天按时吃简餐，不让自己有时候饿而有时候过饱，身体释放的能量会更平衡，大脑会更专注。在家少吃些早饭，到办公室后再吃一些。午餐分两次吃，第一次早点儿，第二次晚点儿。对佛教徒而言，修行就是吃八分而不是十分饱——这种简单但有违常理的习惯能够防止我们反应迟缓，也有助于消化。吃饭的时候，什么事都不要做——我们吃得太饱的一个原因就是没及时意识到自己已经饱了。

❻ 吃早饭

是的，还是那句你已经听腻了的话。这句话之所以成为陈腔滥调，是因为它是事实。让自己一早就开始进行新陈代谢，为大脑提供燃料，做好运作的准备。

❻ 吃维生素——吃健康食品，扔掉垃圾食品

吃天然、原生态、有机食品比吃麦当劳更有益于健康，其原因不难理解。我们要注重整体的饮食平衡。达到饮食平衡不一定

是要折磨自己，当然，我们也不应该总把健康的饮食同节食、减肥联系在一起——吃些自己喜欢的东西也很有好处。但是，你要确保自己各种颜色的蔬菜都吃，还要吃各种各样低脂的蛋白质，比如瘦肉、鱼和豆类。

🍃 **合理摄入咖啡因**

咖啡和茶作为偶尔一用的武器是很有效果的，但如果产生依赖，就会适得其反。每天可以喝一杯咖啡，如果还需要提神，可以试试吃苹果。（这个方法非常有效！）

🍃 **关注血糖指数**

除了注重饮食质量，我们还要关注食物能量释放的快慢。血糖指数低的食物能量释放得慢，因此更持久。血糖指数高的食物能量释放得不稳定，你会感觉一天之中时而高涨，时而低迷。血糖指数低的食物包括豆类、叶菜、橙、瓜子、蛋类、花生、苹果、金枪鱼、梨和桃子。血糖指数适中的食物包括香蕉、薯片、米饭、食糖、燕麦、麦片、羊角面包和猕猴桃。血糖指数高的食物有土豆、糖果、汽水、饼干、部分面包、炸薯条，还有一些可能会让你吃惊的，比如胡萝卜、西瓜、葡萄干和枣干。多吃血糖指数低的食物可以获得更持久、更稳定的能量。如果你的午饭中碳水化合物的成分过高，你吃完就会觉得慵懒，接着会变得兴奋，然后又陷入倦怠。

🍃 **尽量不喝甜味和能量饮料**

和咖啡因差不多，糖分可以增加能量，进而是很好的提高短期注意力的办法，但同样也不能长期摄取。不要喝太多汽水，可以用水或者果汁代替，不过，果汁的自然含糖量也很高。一个令人担忧的现象是，很多上班族喜欢喝能量饮料。据我所知，有些常喝能量饮料的人在不喝后会变得烦躁不安，同时也会干扰办公室内的其他人。能量饮料成瘾者可能不知道这些饮料会带来巨大的能量波动，也可能不知道怎么戒掉。总之，尽量别喝这种饮料。

🌢 理性服用营养品

市场上有很多提高认知功能、改善神经系统、增强身体柔韧性的营养品。也有人认为，这类维生素和矿物质应该从食物中摄取，不应该依靠营养品。能通过合理膳食摄取身体需要的全部营养物质固然是好，但身处节奏飞快的时代，只靠食物往往是不够的。你可以根据自身需求寻找一些营养品。我个人认为补锌以提高免疫力，再吃些复合维生素片促进整体健康就足够了。

🌢 保证充足睡眠

失眠有时是在所难免的，但无论如何都要尽可能提高睡眠的质，增加睡眠的量。想知道一个让我觉得内疚的秘密吗？如果我整天都在家办公，午饭后或中午时就会补一个"能量觉"。即使只是安静地把眼睛合上20分钟也足以恢复精力。我有几个在律师事务所工作的朋友，他们是一定要睡午觉的。而且幸运的是，我们公司为在办公室过夜的人提供"睡眠舱"，所以他们能随时在里面小憩一会儿。坦白说，在这之前，我也在忙碌之中躲到办公桌下面小睡过（这是"神秘莫测"式思维的体现，所以没人发现），也在会议室的桌子下面和空间不大的橱柜里打过盹。

进行体育锻炼

重申一遍：身体健康确实能够促进头脑健康。身体健康除了需要营养，还需要定期锻炼。这个建议你可能听医生说过，听电视上的某个人说过，也可能听家里那个健康得让你自愧不如的表兄弟说过。虽然还是老掉牙的建议，但它的确有用。

你不需要做剧烈运动，每周锻炼几次，一次半个小时就足够了。如果你家离办公室有两三公里远，那你只需经常来回步行。

定期健身也是保持健康的好办法，还能增强力量与柔韧性。我的目标是每周去三次健身房（通常是工作日早晨上班前去两次，周末去一次）。重要的是，你应该摸索出一套简单但对自己有效的健身方法。工作动力强的时候值得祝贺，如果一周之内状态都不佳也不要气馁。短期内状态不好不会有什么大的影响，忍者毕竟也是人。

冥想

乔纳森·海特（Jonathan Haidt）在《象与骑象人》(*The Happiness Hypothesis*)一书中提出了一个强有力的观点：定期冥想被证明是让人更幸福的原因之一。冥想的形式多种多样，但大多裹着神秘、宗教和迷信的外衣，让我们觉得不安或不能接受。其实，冥想练习关乎的是个人存在，它让你集中注意力审视自己和自己与周围世界的联系。《象与骑象人》中提出的一个出色的比喻让我对冥想有了更深层次的了解。

❻ **大象和猴子**

海特表示，人的意识机制就好像是一只猴子骑着一头大象。

猴子代表意识。猴子总是喋喋不休，一秒钟恨不得有一百万个想法，一直处于焦虑不安的状态。大象则代表潜意识。大象承载着所有表面之下的东西。猴子因为个头太小，无法掌控大象的方向，而大象通常又说不清楚要走哪条路。冥想的过程中，你可以试着让猴子安静下来，至少是忽略它，把它的话当作耳边风，然后听清楚大象说的话，让大象和猴子协调着工作。

❝ 冥想没那么难

在从不断网的世界里，我们有时会忘记聆听自己的声音。工作、压力、新闻、各种内容、贴子、博客、报纸、电视、广播和 21 世纪永不停歇的生活节奏喂养着我们脑中的那只猴子。花时间聆听内心的感受，让自己沉静下来，给自己时间对周围的世界充满感激……所有这些可能性都被我们这种永不断网的文化掩盖和驱逐。在 4 年左右的时间里，我一直对冥想感兴趣，但从来都是浅尝辄止，从未真正挤出时间去实践（或者说没有把冥想当作重要工具）。后来有一天，我和一位冥想老师聊天，我说我大脑里的猴子一如既往地在作祟，让他"推荐一本最好的书"或者"最好的播客"给我来学习如何冥想，但这位冥想老师却看着我的眼睛，说："老兄，你只需要坐下来。"真的，那是我唯一需要听到的话。最好的冥想方式有数百万种，也有数百万人想要为冥想赋予独特的意义或找一个类似宗教的解释，但归根结底，冥想不过就是坐下来，什么都不做，耳听寂静。开始会有不安，但你逐渐就能学会享受它。

❝ 没时间冥想从来不是理由

冥想可能会很难，需要练习。一旦你完全掌握，几乎可以在任何地方冥想：从拥挤的地铁到一个人在高速公路上驾驶，从走路回家到超市排队，都可以。如果你刚开始冥想，或者想尽量简单一些，一条比较好的建议就是在手机上下载一个应用或一系列冥想教学音频。我最喜欢的苹果和安卓应用就是 buddhify 和 Headspace，用起来简单又赏心悦目。两个应用都非常实用，给冥想带来一种现代的、21 世纪的感觉。只需花上一顿饭钱，丰富、简短的冥想指导便唾手可得，帮助你体验清晰、联系、稳定感和思想的具体化。音频更是有针对性，有旅行、步行、健身房和家中的不同选择，以满足你不同时间的需求。（要说明一下，我并不是在为他们打广告，我只是在介绍我喜欢的应用，后面章节中提到的工具也是一样。）

6 停止思考能让你焕然一新

让大脑停止工作就好像晚上关掉电脑。让大脑完全安静、获得充足的空间和充分的休息不仅对心理健康非常重要，还关系着我们能否拥有主动型注意力，保持最佳状态。允许自己在晚间和周末停止思考——不要向压力屈服，让自己总是加班，导致身体过度劳累。记住，停止思考是为了提高效率。

排除手机干扰

移动设备的制造商完全知道怎么让手机对人形成吸引力，用起来方便，让人上瘾。我很少遇到看到消息闪烁还能控制住自己不去查看或回复的人。晚上选定一个时间，把智能手机关掉或放到远处，让自己真正停止思考。休息和安静过后便会有焕然一新的感觉：中途被打断的安静只不过是一种低分贝的噪音。

深呼吸

隔段时间进行一次深呼吸。在深呼吸时，告诉自己你已经做了足够多的事。花一分钟感激周围的一切。评估现状很重要，因为它能帮助忍者准备明天的战斗。

挖掘额外注意力资源：可以合并的任务

最后，我们能不能挤出一些从前没有发现的额外注意力呢？我不是说让你延长工作时间，而是让你把一天中你没有考虑过利用的一些时间点用起来。机会无处不在，只要我们做好准备。

打电话和散步

我每天至少散步两次，每次 5~10 分钟。这也是我最常用来打电话的时间。我在办公桌旁有很多事情可以做，为什么不选择其他时间，比如说散步的时候打电话呢？但打电话之前我一定是做好准备的。我要求自己定期更新手机里的联系人名单，并定期更新可以边走边打电话的名单。

阅读和等待

我的阅读材料都有纸质版和电子版，分别储存在文件袋和电子文件夹中。我的目标是不在办公室里阅读，因为有些别的事情做起来需要用到更多资源，必须在办公室里完成。纸质版的阅读文件夹就是普通的 A4 文件袋，一直放在我的公文包里，不断被填满，不断被清空。我的电子文件夹在 iPad 里，用的是 Instapaper 这个应用。Instapaper 允许我保存文档和网上、邮件里有趣的页面，无论到哪儿都可以看（不需要网络连接）：比如在火车上、地铁里（这是我的最爱，因为给后面的乘客留下有意思的文章让我有种兴奋感）、牙医候诊室，如果开会早到了，在等待时也可以。有时候在家一边喝着茶放松一边再读上一小时也不错。

思考和旅行

我在 Think Productive 的一个同事住在伦敦郊区，每天骑着摩托车进城。他想到，可以把重要的决策和需要思考的问题列一个单子，在拧动钥匙、开启引擎之前看一眼，这使他能够高效利用这段路上的时间。我在伦敦市区住了几年，一直骑自行车（目前游览伦敦最好的办法），但我在骑车时唯一能想的就是"不要死，不要死，不要死"，所以我非常敬佩那些有自信用这段时间进行有效思考的人。还有非常多这样的场合能用上你的"思考清单"：候机、排队、开车、参加不重要的聚会、陪伴侣看他/她喜欢而你不喜欢的电影（这个时候要做得隐秘点），等等。最好是把清单同步到手机里。因为我们的手机是永远不离手的，所以一有机会就能随时参考。这个方法也需要你事先有准备才行得通。

咖啡和交谈

接下来我们就要谈到令人畏惧的交流手段了：邮件。你可以想象一下内部邮件满公司飞，而发件人就和你隔了几张桌子的情景。但其实水在沸腾，咖啡已煮好，你可以利用这段时间用快速交谈的方式"回复"一些邮件。起身去拿咖啡之前快速扫一眼收件箱，找出两三个你可能回答的目标对象。接下来要做的就是去拿咖啡时，在回到座位之前把可能的目标对象都一一回复到。把它当成一种游戏吧。你尤其要关注那些当面回复比邮件回复更省事的内容,这会为你日后处理节省大量的时间。有时一个比较有效的挑选方法就是想想哪些邮件可能带来一连串的问题——通常情况下,在面对面实时交流时,你需要回答的问题会大量减少。

练习:制定注意力和专注力管理计划

你需要: 纸笔、老板模式下的主动型注意力
用时: 30分钟
体现了: 自我审视、机敏灵活、有备无患、冷静果断

来为自己制定一个注意力管理的行动计划吧!回顾下一页给出的注意力管理技巧和方法并评级,从中找出你已经做到的、准备尝试的(以及什么时间尝试)、可能尝试的和确定自己不会尝试的,记下来。找出三个你认为有效的方法,试一试。

本来就经常做	1
可能增加强度	2
愿意尝试	3
可能尝试	4
不会尝试	5

1. 根据注意力水平安排工作

	1	2	3	4	5
确定主动、积极和不积极型注意力的时间段	☐	☐	☐	☐	☐
确定需要老板模式的工作	☐	☐	☐	☐	☐
安排老板模式工作的时间	☐	☐	☐	☐	☐

2. 保护注意力免受打断和分心的影响

● 内在干扰

	1	2	3	4	5
尽快摆脱新想法	☐	☐	☐	☐	☐
处理而不是查看邮件	☐	☐	☐	☐	☐
适时戒网	☐	☐	☐	☐	☐
选择性忽视	☐	☐	☐	☐	☐
寻找世界上的信息 DJ	☐	☐	☐	☐	☐
不要做早期采用者	☐	☐	☐	☐	☐
意识到你的逃避策略	☐	☐	☐	☐	☐

● 外来干扰

推掉大部分你被邀请参加的会议	☐	☐	☐	☐	☐
不接电话	☐	☐	☐	☐	☐
尽可能经常关掉邮箱	☐	☐	☐	☐	☐
设置一个防干扰的明显标志	☐	☐	☐	☐	☐
在家或其他地方办公	☐	☐	☐	☐	☐
说"不"	☐	☐	☐	☐	☐
了解大多数信息都没什么价值	☐	☐	☐	☐	☐

3. 提高注意力水平：变不积极为积极，变积极为主动

	1	2	3	4	5
改变你看到的东西	☐	☐	☐	☐	☐
改变工作内容	☐	☐	☐	☐	☐
改变环境氛围	☐	☐	☐	☐	☐
巧用咖啡因	☐	☐	☐	☐	☐
锻炼大脑	☐	☐	☐	☐	☐
及时喝水	☐	☐	☐	☐	☐
每天五到六次简餐	☐	☐	☐	☐	☐
尽量不喝甜味和能量饮料	☐	☐	☐	☐	☐
理性服用营养品	☐	☐	☐	☐	☐
保证充足睡眠	☐	☐	☐	☐	☐
进行体育锻炼	☐	☐	☐	☐	☐
冥想	☐	☐	☐	☐	☐
排除手机干扰	☐	☐	☐	☐	☐
深呼吸	☐	☐	☐	☐	☐

4. 挖掘额外注意力资源的魔法

	1	2	3	4	5
散步时打电话	☐	☐	☐	☐	☐
准备阅读资料，等待时看	☐	☐	☐	☐	☐
旅行时思考	☐	☐	☐	☐	☐
利用茶歇快速交谈	☐	☐	☐	☐	☐

你是忍者吗？

- 忍者能够果断确定哪里需要投入注意力。
- 忍者有备而来，能够使注意力水平和工作内容相匹配。
- 忍者行事敏捷，一天内可以完成很多任务，他们能将注意力水平提到最高，从而创造奇迹。

第四章

忍者式邮件处理法

通过上一章，我们已经知道，要达到高效忍者的水平，关键在于注意力管理。这一点在当代非常重要，其原因很简单：信息超负荷。

信息超负荷——不仅源自邮件，还源自互联网、社交网站、24小时滚动新闻、公司内部网络以及当代知识型工作，速度快、内容多——与两年前相比都是巨大的挑战，更何况是十年前。信息超负荷已经极大地威胁到了我们的工作效率。我们关注的信息越多，我们的注意力就越有可能从真正需要关注的事情上转移。

> 知道怎样处理海量邮件是一项重要的软技能。唯一的办法就是合理使用一套简单、可重复的方法，让自己跳出邮箱，拥有真正的生活空间。
>
> ——默林·曼

需要指出的是，邮件是信息超负荷的"主犯"。格拉斯哥大学和佩斯利大学的一项研究发现，有三分之一的邮箱使用者因为收到的邮件数量过多而感到压力。

当我还是忙碌的总裁时，我不需要花时间考虑自己的效率问题。（身为总裁，公司里有很多人替我有效率地做事！）我对邮件管理完全失去了控制，倍感压力。我的收件箱里曾经有3 000封邮件待处理，而且数量一直在增加，所以我经常需要人提醒我必须完成的任务和一些截止日期。结果，我总是错过开启主动型注意力的机会，忘记某些深埋在收件箱里的截止日期。

当然，让我感到压力最大的不是知道自己错过了什么重要的事情没做，而是不知道自己错过了什么重要的事情没做。不知道一堆邮件里藏着什么机会或威胁，不知道那些信息和机会重不重要，邮件是让很多人感觉有压力的根本原因，也是人们觉得有义务经常查看收件箱的原因。

随着邮箱里的内容越堆越多，人便成了它的奴隶，它很快就开始不停地消耗我们的注意力。还在做总裁的时候，我从来都没有关过邮箱：我总是因为新来的邮件而分心，有一半时间都在收件箱页面滚动鼠标，来回地看——并没有真正着手解决眼前堆积如山的问题，只是经常会提醒自己，还有座山没爬呢。你听着熟悉吗？

现在，我处理邮件的做法已经完全不同了。我有一套方法体系，每天都可以把收件箱清零几次，因此很清楚邮件里可能存在哪些机会或威胁。而且神奇的是，我还可以在恰当的时间跟踪或跟进一些邮件，不至于让有些事成为漏网之鱼，在邮件沟通过程中丢失。在本章，我将向你介绍这种方法。如果你希望的话，通过做书后练习，我可以帮你在几个小时之内就把收件箱清零。

可量化就可控制。

——彼得·德鲁克

保持联通不需要太多思考，定义信息意义才需要

是时候重新认识邮件了。先来说一个关于我们工作方式的事实，它可能会让你不大自在：当我们关注的事情超过一件，而且感觉到信息超负荷时，我们的本能反应是想要感觉忙一些，这样才能感觉自己在进步。然而我们作为一种动物，本质上是懒惰的，倾向于用最容易的方法制造进步的假象。

看看有什么新内容，我们上下滚动屏幕，再看看有什么新内容，再上下滚动屏幕；我们这儿看看，那儿看看，建一些文件夹，然后再看看别的新消息（比如社交媒体或者手机里的新闻）。基本上，我们就是这样对"保持联通状态"上瘾的。而让我们真正上瘾的，其实是用最少的思考制造高效的假象。

把收件箱清零可以打破这个坏习惯，改变你看待邮件的方式。这个时候，让你上瘾的是知道决策和思考工作都已经完成带来的安全感。这套方法体系有助于你拥有忍者般的果断和自律。有了果断和自律，你读完邮件就能立即搞定难以做出的决定。它还能减少你拖延的时间，让工作内容更明朗，大幅减少邮件超负荷带来的压力。

收件箱一旦被清零，就很容易保持清零的状态，这点很让人吃惊，大多数人也许永远都不会发现。毕竟，大山没有了，只有今天的小土丘。使用这样一套方法的好处在于，即使你一连几天都不在办公室也没关系，因为你离开之前，收件箱处于清零状态，你回来之后，只有那几天的邮件需要处理。而且，你处理每封邮件的决策能力也会大大提高，以至于休完年假回来以后，你只用一个小时左右的时间就能把所有邮件清空。如果你在几天之内确

实收到了大量的邮件，收件箱又有开始堆积的趋势，你还是很容易做到心中有数，然后预测出把收件箱清零需要花多长时间。邮箱从一个没完没了的任务、一个无形无状的工作模块变成了一条传送带，送来可以计量的工作任务，每封邮件都能立即找到可能的决策选项。听着是不是很简单？好消息就是：这件事做起来确实很简单。

把收件箱清零的思维习惯

使用这套方法，你需要完成思维方式的转变，方能摆脱对查看邮件的依赖，培养决断力，养成高产的习惯。

收件箱只是邮件着陆的地方

收件箱不是待办事项清单——一定要时刻记住这一点。收件只是一个储存新内容的场所。我们总是舍不得删除邮件，或想日后再做决定，就把邮件全部留在收件箱里。殊不知，在收件箱之外，我们还有非常重要的工作。如果你主要依靠收件箱提醒自己还有哪些待办事件，要么会遗漏其他事务，要么需要经常给自己发邮件。而且，待办事件也会因此与收件箱里的干扰信息混为一谈，让你难以区分待办的、进行中的和可忽略的事项。

这些难以分类的事项需要新建不同的存储路径，否则我们就要一遍一遍不停地决定什么可为，什么不可为。收件箱之于工作就好像机场跑道之于假期。邮件不会对它着陆的收件箱产生影响。

邮件的终点是行动：或回复，或阅读后归档，或删除。

不要让收件箱整天干扰你

收件箱里可能有很多振奋人心的消息，让你无法集中注意力，而且这类邮件层出不穷。你可能会想："万一有什么急事呢？还是快去看看吧！"但是，过于频繁地查看邮件就是一种严重的病态。建议关掉所有提示音和图标。这样，你就可以只在需要时查看收件箱，不受收件箱的干扰。

处理，而非查看

这条建议听起来很简单，但有很强的蝴蝶效应。每次打开收件箱，你的思维状态都不应该是去查看新内容，而应该是去做决定，做好邮件归类的准备。把邮件移出收件箱的前提是，你的每一个选择都有明确的下一步，否则你还是会和现在一样，想着"不知道该放哪儿，一会儿再说吧"。下面要介绍的方法会告诉你，拖延不会再比行动更简单，再也不会了。

定期复查

腾出一些时间跟进、复查、打印和清理。定期给邮箱做个全面大扫除，并借此做些常规维护和必要的复查。要知道，任何系统都需要效率评估，这对我们非常重要。大多 Outlook 和 Gmail 用户都有许多不当用法，其中之一就是找不到全盘掌控邮箱的方法，也就谈不上评估邮件了。

D 字处理法

你收到的每一封邮件只有 7 种可能的处理方式，是不是清楚多了？它们是：

- 删除（Delete）或归档
- 马上处理（Do it now）——如果两分钟都用不了，就立刻处理掉）
- 稍后处理（Do it later）
- 判断（Decide）无须处理的邮件，归档以供参考或备用
- 委托（Delegate）他人处理
- 推迟（Defer）判断是否需要处理（通常情况下，将其添加到日历里）
- 判断（Decide）该邮件不需自己处理，但想跟进他人完成

以上就是处理每一封邮件时唯一需要做出的决定。我想说的是，大部分人都会拖延，不及时做出决定，以至于有价值的信息都淹没在早就该删除的邮件中了。

800∶20 法则

很多学员在学习如何把收件箱清零的时候，一个比较常见的主题或问题就是：可以采取行动和不可以采取行动的情况的比例是多少。答案可能会让你震惊：前者在全部情况下的比例不到20%。这条规律可谓是帕累托"二八定律"（Pareto's 80-20 rule）[1]的一个翻版：在整个邮件使用过程中，20%左右的邮件可能具有80%的影响力。也就是说，还有80%的邮件是不重要、恼人、可有可无或者完全无价值的。而实际上在我开展培训的时候，这一数字往往更极端些。邮件已然成为我们工作生活的主宰，过度沟通掩盖了沉默和充分思考的价值，发邮件也经常被用作保持思路清晰的工具。结果，无数机构组织都因为"抄送""回复全部"和其他极其不好的习惯而效率大打折扣。

在培训初期，有些学员的收件箱里会有800封未读或未处理邮件，几小时之后就只剩下20封左右真正需要落实。这是经常发生的情况。所以，不要想"80比20"，而是"800比20"。因为每800封邮件里，可能只有20封是重要的，其余780封可以被删除、归档，或者最多花几秒钟回复一下。不要觉得1000封邮件是负担，把它们看成是二十几次对话就好了。真正重要的事其实更易于处理，只是你需要极度专注，在"茶水间有蛋糕"等通知、自动提醒、群发和参考信息类的邮件中把它们找出来。

设想最糟糕的结果

这么想：如果明天你的整个收件箱都崩溃了，你会丢失什么？我不是问你会丢失多少封邮件，而是问你会丢失多少给你优势，或是防止你把事情搞砸的机会？你的世界会有什么不同？我们太过看重每一封邮件了，真正重要的其实是收件箱之外的行动和信息。

---

[1] 意大利经济学者帕累托发现的19世纪英国人的财富和收益模式：社会上20%的人占有80%的社会财富，表现了财富在社会中分布的不均衡。这一定律也被应用在管理学、心理学和日常生活中。——译者注

对于邮件，我们确实有一种紧张不安的情绪。实际上在培训时，我经常用的词是"害怕"。害怕搞砸，害怕未经批准就行动，害怕粗心删掉以后可能需要的邮件。所有这些担忧都可以理解，但不利于我们实现高产、专注、谨慎和放松。

首先，大部分邮件都是可以恢复的。让技术部门寻找备份可能要花点成本，但只要是成文的邮件，总是有找回来的办法。判断是否需要找回邮件，要衡量邮件内容的价值和邮件找回的成本哪个更大，这也是我想说明的要点。邮件不能创造价值，创造价值的是邮件里的信息、承诺和行动。发件人可以再发一遍吗？别人也收到了吗？能用别的方式知道邮件里的信息或承诺吗？通常来说，答案都是肯定的。

我无意贬低你的地位感和重要性，但你的那些邮件既不会让公司倒闭，也不会为世界带来和平。它们只是一些容易让人沉迷或上瘾的电子信息。它们不是宠物。不是谁没有处理的事情积攒得最多、攒得最高，谁就是赢家。是时候果断一些了。

如果你担心删错东西，这里有两个简单的预防措施。首先，重新设置一下"已删除邮件"的文件夹，不要每次关掉邮箱就自动清空，而是保留一两个星期或一个月。这样自然就能形成一道安全网。如果在删除邮件时你不觉得它重要，但是老板现在告诉你它很重要，那么两个星期的时间也足够你认识到它的重要性并把它找回来了。其次，不直接删除，把邮件归档到参考文件夹里。别怕参考文件夹里的内容太多：很多人用到参考文件夹的次数比他们想象得要少。而且，用 Outlook 一类的工具，你完全可以按照日期、主题或发件人归类，或者使用搜索功能，所以真正丢失内容的可能性——即使文件夹里有很多内容——也非常低，甚至为零。

重新认识收件箱

接下来的几页里,我会向你介绍一些重新认识收件箱的方法,让收件箱从一个压力和分心的潜在根源变成让你谙熟每一条信息内容的强效中心。鉴于你可能使用不同的邮件服务器,这些方法要稍做变通,但基本原理是一样的。

收件箱里的三个空间

收件箱给你造成压力的一个主要原因就是,你总想让收件箱身兼多职。比较典型的有:

- 接收新邮件
- 储存过时、未读或未处理的邮件
- 存放未处理,但你知道需要处理的邮件
- 存放已处理的邮件,用于提醒自己还有工作没完成
- 存放含有重要信息的过时邮件,以备日后用
- 存放需要进一步处理的红旗邮件。当"工作差不多搞定了"(顺便问一句,你有过这种时候吗)或者弄清楚真正需要做什么之后,这些邮件可能需要进一步处理

所以,你来回翻看收件箱,希望理出一些头绪来,却发现很难做到,有没有感觉奇怪呢?每一封邮件背后都可能藏有重要信息,虽然只是翻看,你也会好奇里面写的是什么。如果你用这种方式处理邮件,又知道现在没时间处理它们(造成压力),收件箱

自然就成了各种事情的导火索，而不是辅助决策、推进工作和提高效率的工具。

因此我们现在应该区分邮件的用途，按用途把收件箱分成三个空间：

- 执行文件夹——存放正在进行的工作
- 参考图书馆——存放处理完毕的过时邮件，以备不时之需
- 收件箱主场——接收新邮件

接下来我们逐个介绍。先从执行文件夹说起。

收件箱空间1：执行文件夹

我们必须把收件箱里的冗余信息剔除出去，只留下少量有价值的邮件。该怎么做呢？把有用的邮件放到三个"执行文件夹"中：行动、阅读和等待，将它们置顶。这三个文件夹将是我们工作中的重点。这几个文件夹存放着你正在进行的工作，是你投入时间和注意力最多的地方。正因为文件夹中只存放了我们正在进行的工作，所以可以用它们来记录和衡量我们当前的活动。你是否想确定自己还有几封邮件要回？想知道一周有多少封邮件要读，还有多少事在等同事完成吗？现在你可以了！

行动文件夹

你可能已经习惯把收件箱主场作为工作中主要的参考地点，从中挑选下一个任务。然而使用这套方法体系，你很快就能转移注意力，把行动文件夹作为主要的活动场所。这个小小的、

有条理的文件夹有你正在处理的所有事情，一件也不多，一件也不少。

⚑ **属于行动文件夹的邮件**
- 任何需要回复的邮件，或需要采取行动，但两分钟之内又完成不了的邮件。

⚑ **不属于行动文件夹的邮件**
- 任何不需要用邮件处理的邮件。例如，邮件内容是提醒你给某人打电话，调查某件事，开会时提出某个话题，或者笼统地说，邮件内容是一种提醒，你觉得最好把它放到类似待办事项清单这样的地方，而不是留在收件箱里。我们可以把这类事项放到"第二大脑"的一部分——"主要行动清单"里，以后的章节中我们会谈到。
- 任何两分钟之内就能完成回复或处理的邮件——马上处理，不要堆到行动文件夹里！
- 任何让你觉得"可能需要做点什么，但还不确定具体怎么做"的邮件——不要懒得思考。把这类邮件放回收件箱，直到想出下一步再接着处理。

阅读文件夹

邮件数量过多会带来诸多问题，其中之一就是，有很多邮件本不需要你阅读，却乔装得很有用，很重要，很振奋人心。你如果就职于20人以上的公司，就会知道公司里至少有一个人是负责向所有人传递消息的。除了那些内部通讯，你还会收到很多其他人发送的邮件。他们想占用你几秒钟的注意力，告诉你一些新倡议或者整体进展。虽然其中大部分内容是你有必要知道的，但其形式是一种干扰，甚至是最消耗注意力的干扰，因为它们看起来实在太有用了！我总能发现，一些机构中的聪明人和管理者因为没完全掌握内部简报、要闻和快讯而感到害怕和愧疚，担心老板日后会检查他们对这些方面的了解和记忆情况，或者担心因为"错过"了什么而在开会时出丑。

因此，阅读文件夹有着非常重要的作用。在处理邮件的过程中，它能敦促我们问自己是否真的应该在这上面花时间。是的，对每封邮件，你在读过之后肯定都会觉得有点儿用，但如果按百分制计算，其有用程度又会是多少分呢？是"改变世界，让人顿悟"的那种，还是"我及时了解了公司信息，我真棒"的那种呢？

🍀 属于阅读文件夹的邮件

- 任何你想稍后再扫一眼，而不是一收到就看的邮件。

🍀 不属于阅读文件夹的邮件

- 任何需要实际处理的邮件。要和行动文件夹区分开，无论邮件内容多少，只要需要行动，那它就属于行动文件夹。
- 任何可以在两分钟内读完并删除或归档的邮件（边整理边处理）。
- 任何不确定是否需要阅读的邮件——如果没决定要读，就不要把邮件移到阅读文件夹。要果断。看别人报告的时间不是你能产生影响、创造价值的时间，所以你要慎重选择准备投入注意力的事项。

阅读文件夹能够让你有机会把阅读材料积攒起来，等到更安静的时候或是在不积极型注意力期间再一并读完。每周看一次阅读文件夹能够加快你的阅读速度，你可以快刀斩乱麻一般跃过那些本来会让你非常分心的事情。这种事后阅读可以让你在它出现时专注于其他你应该专注的事情。所以，利用阅读文件夹提醒自己保持身心禅定和冷静果断是忍者的一大优势。

等待文件夹

你在工作中有没有遇到过这种情况：你已经完成了自己那部分工作，并且准时交了"作业"，却被其他人的不称职拖了后腿？是的，我也遇到过。最后一个文件夹就是为了预防此类事情的发生。等待文件夹中储存的邮件都是为了提醒你，你还在等别人完成他们的工作，这就像是一个需要你唠叨、敦促和打扰的人员名单。我通常是在攒了一周的"等待"事项后，花几分钟系统地过一遍，删除前几天已经完成的事项，如果还有没完成的，就发一个友情提醒。这种方法能确保我们不遗漏任何事项。

6 **属于等待文件夹的邮件**
- 任何你正在等待其他人完成相应工作的邮件，以及你想要看到事情顺利完成的邮件。（如果你不重视，为什么还要跟进呢？）
- 你希望通过这种方式跟踪的已发送邮件。

6 **不属于等待文件夹的邮件**
- 任何你不知道在等谁或者在等什么的邮件（把这类邮件转移过来之前，你要认真考虑）——等待文件夹不是一个垃圾桶，你不能把不想现在思考的事情都往里面塞。

收件箱空间 2：参考文件夹

执行文件夹是一个奇迹以惊人的速度发生的地方。在执行文件夹下方的则是一个更为宁静的世界。打开"参考文件夹"，就好像走进了一个大型的公共图书馆——安静，充满有用的信息，让人安心。这里必须要分清，参考文件夹里的内容都是不可为事项。里面只有参考资料和将来可能用到的信息。

值得指出的是，管理参考文件夹的方法与很多人管理文件夹的习惯方法不同，我们最重要的目的不是以后找东西方便。你如果只是为了找东西，就会养成一个很不好的习惯，有损自己的效率。

一个大桶还是十个小杯

快速看一眼你已经拥有的参考文件夹。在我的学员当中，至少有一半人的参考文件夹数量过多。文件夹过多不利于提高效率，因为在把收件箱清零的过程中，你会进行不必要的思考。相比之下，更重要的事是减少把不可为事项移出收件箱的阻力，所以尽可能快和省力地把不可为邮件转移到你信赖的文件夹里才是正确做法。注意，我说的是"信赖的"，而不是"细分的"。

很多人不相信 Outlook 或其他程序找回信息的能力，所以创建了很多文件夹，每个都有不同的主题。他们希望通过这种方式进行有效的查找。其实，在 Outlook 的每个文件夹中，你都能按照姓名、主题或日期整理邮件。除此以外，你还能使用很多不同的方法。而且邮箱还具有独立的查找功能，查找范围可以覆盖整个邮箱。很多人之前使用查找功能的体验都不大好。确实，Outlook 2003 及以前的版本查找功能都不强，但是最近的版本似乎好多了。当然，如果你是 Gmail 的用户，还可以采用其他查找方式。

想象你现在正拿着一团纸，准备扔到垃圾桶里，但是要确保扔进桶里，不弹出来。我现在给你两个选择。你是想扔到一只敞口的大桶里，还是扔进地板上的十个小杯子里？即便是我，也不能确定往哪个小杯子里扔成功率最高。如果你坚持要用几百个文件夹和子文件夹，就想想这个例子吧。胆子大些，桶放得少点，让桶的体积大点，阻力就会减少，决策就会变得更快、更好。听起来似乎有悖常理的一点是：文件夹变少以后，检索文件时可以找的地方变少了，邮件反而更好找了。

可以保留的文件夹

你具体需要哪些文件夹，主要取决于你的角色和职责，特别是这类或这种主题的邮件对你的角色来说有多重要。但是这些年来，我发现有几个文件夹是非常有用的。我花了很多时间向别人了解他们的文件夹和分类情况（老实说，我从来都没厌倦过这个话题，虽然你一定觉得我已经无可救药了），所以我收获了几条很好的建议，也认识到了哪些有用，哪些没用。

- "保险箱"

我把各种用于确认的自动回复邮件都放到这个文件夹里：演出票、机票、购买的软件许可密钥、各种网站注册通知或其他可能忘记的重要事情。

- 财务文件夹

我以往都是分开储存各种财务信息的。但在一个财年末，我整整花了一天的时间才把所有财务票据凑到一起给会计，所以我决定创建一个财务文件夹。如果你在公司里负责处理采购订单、发票等工作，这个方法同样适用。

● 私人文件夹

朋友和家庭文件夹也被命名为"私人文件夹"。说实话，单独创建这样一个文件夹不需要做太多解释，很多人一看就会明白。我如果想找一封关于下个月旅行计划的邮件，难道要去一个叫"档案"的大文件夹里找吗，那里可都是工作邮件啊？不是不行，只是让工作和生活有一些距离才符合情理。

● 通知／提醒／新闻文件夹

数百封内部通讯邮件，领英等社交媒体的更新和自动通知等信息的洪流是不是分散了你的注意力？这个文件夹就是为这些价值低的噪音准备的。文件夹建好以后，你会马上进入忍者冷静果断的状态。在 Outlook 中立下规矩：不需要你立即采取行动的订阅邮件可以被自动归档到这个文件夹里，根本不需要出现在收件箱中。你可能会问，为什么不直接取消订阅？在 Think Productive，我们把这类邮件叫作"培根"。它不是实际意义上的垃圾邮件，某种程度上是可以存在的；你不希望它每天都围着你，但有时它还真有点儿用。我偶尔会因为工作内容的不同，对培根和垃圾邮件有不同的定义。那时我会取消订阅一些内容，因为那些内容虽然不会消耗太多注意力，但也不太值得考虑。记住，还有工作要做。

● 以你公司或机构为名的文件夹

是的，我有一个文件夹，里面放的全是关于 Think Productive 的内容。只有一个，没有子文件夹，没有精细到为每位客户都建档，也没有按日期储存培训班的档案。就是这样一个文件夹。我会找不到东西吗？很少。是不是现在丢的东西比以前用几百个子文件夹时少？当然是的。但愿其原因已经让你信服了。不信的话，你就用自己的文件夹做个实验。

6 **各种参考信息 / 杂物 / 其他文件夹**

任何不适合放到以上几类文件夹中的邮件都可以放到一个无所不包的大桶里，叫"各种参考信息"。我把它置于邮箱底部，不碍事。文件夹有明确的用途固然重要，但这个文件夹例外，它的角色很重要：防止你因为出现的新情况而创建很多文件夹。有没有为了一封邮件创建一个新文件夹的冲动？停下来，把它扔到"各种参考信息"里去。

例外情况

有时，我的培训班里会有一些人强烈反对把文件夹变成大桶。他们的担心值得一听，我也总结出了"大桶式文件夹"的一些例外。有一群人不喜欢把邮件放在大桶里，而是倾向于放到小杯中分开储存，他们就是人力资源经理。他们管理的绩效评估、员工投诉等都是个案，所以他们经常因为一件事单独创建文件夹，其中可能有被调查人及其上级的邮件，还有证人、律师等人的邮件。邮件主题可能经过仔细斟酌，显得非常隐秘；他们将来还可能把关于这件事的所有邮件都给某人看，请对方定夺。你可能已经开始想：我也有好几百封类似的邮件，可能也是例外。但在那之前，想一想以后是否真的需要把这个文件夹拿给别人看，或者是否真有什么官方用途才有必要单独储存。如果答案是否定的，无论你开始时多抗拒，大桶依然是最好的选择。不必担心，几天之后你就会信赖这种方法了。

收件箱空间3：收件箱主场

还记得收件箱吗，曾经占据你所有时间的地方？但是现在，它只有一个功能：新邮件着陆并等待整理的场所。

三个执行文件夹已经各就各位，一个运行良好的参考体系正在下方待命，现在，每一封新邮件都有了去处。你已经没有任何借口再在收件箱里放东西了，因为你能使用"一键式"处理原则：邮件一旦被打开，就永远都不会被关上并放回收件箱里继续拖延。再也不会了。

使用这套全新的忍者式邮件处理方法需要几天适应时间。前几天，你会忍不住经常回到收件箱主场，而且会担心，觉得把最重要的邮件放到三个置顶文件夹中有种眼不见心不烦的意味。积习总是难改的。

我们抵触改变，这是事实，所以为了把习惯变得越来越好，我们应该了解自己的习惯。因此在适应新方法的过程中，你要清楚自己为什么要在邮件上花时间，然后把处理邮件的时间分成两块，进入两种模式：

1. 整理模式——在收件箱里果断地删除、归档和决策。
2. 执行模式——在执行文件夹里行动、回复、阅读以及跟进等待别人完成的工作。

让我们着重看一下你在收件箱主场（整理模式）的时间。在这期间，你会看到收件箱里的邮件以惊人的速度一路减少到零。

收件箱清零

离开收件箱一段时间以后，你肯定会有未读和未整理的邮件。让收件箱再次归零，你需要做的是：

- 砍掉大多数邮件
- 剩下的，一个一个处理

大批量归档和删除

要想保持收件箱清空的状态，你就必须习惯经常使用删除键，不失时机地"投机取巧"，还要行事果断。要知道，至少有 80% 的邮件不需要你真正付诸行动，你大可以果断处理，但绝不能鲁莽。我们的目标是思路清晰、身心禅定。要实现这一目标，我们就要有所准备，及时了解信息，让一切尽在掌控之中。

你要寻找说"不"然后删除的机会，大刀阔斧地清除不必要的噪音，快速找出需要特殊注意的少数邮件。你还要寻找可以"投机"的机会、发现捷径，找到适合的策略，从而提高速度，增强动力，快速取胜。在这个过程当中，我们要保持果断，统观全局（永远都不要在大批量处理邮件时去仔细阅读任何一封邮件），通过收件箱页面的显示把最可能快速、大批量砍掉的邮件找出来。Outlook 中有三种筛选邮件的标准：

- 日期
- 主题
- 发件人

如果你发现工作动力开始减退，那就改变筛选方式。这堆邮件里可能还有需要被大批量砍掉的，换一种筛选方式，能让你更容易发现它们。

还有一种你可能觉得有用的页面显示：红旗。不是每个人都用红旗，我个人就不是很喜欢（使用这套处理邮件的方法，你可以选择使用红旗，给执行文件夹额外添上一层紧迫感，也可以只使用执行文件夹为自己提供必要的区分和界限）。如果你是红旗粉，那么在参考红旗时你不一定能够立即看出什么是可为事项，但一定可以知道自己和别人都标记了哪些要紧事。

要删除哪些邮件

以下是参考不同的筛选方法进行大批量处理时，各应该看些什么。

6　日期

看日期是见效最快的方法。从底端开始向上浏览。你经常会遇到一两封很早以前的、你仍然感觉重要的邮件，但它们很有可能只适合做参考，不是可为事项。把它们归档。

- "邮件死囚室"。确定一个日期——比如6个月以前的某一天——再把每封超过这个日期的邮件都移到一个叫"邮件死囚室"的文件夹中。这些邮件都是等待被"执行死刑"的。它们的罪过是让你分心、耗费你宝贵的注意力又不会创造任何价值。在日历上设定一个时间，比如6周。如果满6周以后你没有用到那个文件夹里的任何邮件，就可以将它们直接删除。

- **主题**
- 一连串邮件对话。如果邮件对话多达 20 封，你大可删掉前 19 封，因为最后一封应该把之前一连串的对话都包括在内了。
- 主题行中的日期已过或主题行中的事项已经完成。
- 通告——每天、每周或每月的摘要邮件。如果现在遇到这类邮件，你最好设立一些规则，日后好将其直接归档到参考文件夹中，比如之前提到的"通知"文件夹。

- **发件人**
- 离职人员的邮件。
- 前台发来的"茶水间有蛋糕"或"某人（你从没听说过）的出租车到了"等邮件。
- 同事和朋友发来的仅供一乐的邮件。直接删除，它们真的没有那么搞笑。哦，好吧，前几周朋友发来的那封带小猫的邮件可以留着，那个很好，其余的就别要了。
- 主要因为项目（现在项目已经结束）和你保持联络的人发来的邮件。

在大批量处理邮件的过程中，你可能会遇到几封想要添加到执行文件夹中的邮件，或者两分钟之内就能迅速完成的邮件。没关系，但要尽量避免太过细致的思考。大刀阔斧处理邮件的重点始终是快刀斩乱麻、消除显而易见的目标、"投机取巧"，以及采用其他能够保持势头的做法。

只要有机会，就进行一次大批量的归档和删除。如果遇到需要做复杂决策的邮件，不要理会它；如果遇到老板、大客户或工作中其他主要利益相关人的邮件，主动跳过，你会发现这样做很有用。在批量处理的过程中，工作动力和果断是关键，但同时，你还有机会放慢速度、提高警惕，因为几分钟后你就要一个一个处理剩下的邮件了。完成批量删减以后，准备开始处理之前，有几个收件人的邮件还没有动，不算是作弊。

批量处理完成以后，你的收件箱马上就要被清空了。至于收件箱里还剩下多少邮件，每个人的情况不一样，但你一定会发现需要自己处理的邮件比之前少了很多。总体来说，如果你的收件箱里一开始有 1 000 多封邮件，经过批量处理后会减少到 100 封左右或更少。如果一开始有 200 封左右邮件，经过批量处理后会剩下 50 封需要仔细处理。当然，这只是粗略估计，但根据我的培训经验来看，这是两个比较常见的比例。

如果批量删减后你感觉有点累，而且发现积极注意力正在消退（别担心，长时间快速决策大概是你在知识型工作时代做得最累的一件事），那就稍事休息，这样可以保证你在开始处理时，注意力水平仍然较高，还能允许自己做至关重要的决策。

逐一处理邮件

现在，收件箱里剩下的邮件就需要你多一点思考和组织性了。你在这个阶段处理邮件的方法要更周到、更仔细——这也是执行文件夹真正开始发挥作用的地方。

我们此时还是要追求工作动力，只是这次的着力点是每一封邮件。不要择优而取，因为你可能忍不住先选择最容易完成的、最想完成的或者你最期待联系的人发来的邮件。

你也很可能拖延，不去管那些需要额外思考才能决定目的地的邮件，或者那些回复之后可能让你成为恶人的邮件（"我们已经决定不再继续开展这个项目了""恐怕我腾不出来时间去找你需要的东西""是我耽搁了，很抱歉没能及时通知你")。

如果你挑出最喜欢的先做，留下最不喜欢的拖延，我保证以下情况一定会发生在你身上：经过大批量删减和初步处理之后，你的主动型注意力就差不多用光了。就在注意力开始消减时，你也开始对着三四十封最难处理的邮件发呆了。这些邮件就是你一直在逃避面对的邮件。在这种状态下把收件箱清零当然是可以的，只是你会非常吃力。

需要逐一处理的也正是这些邮件。在逐一处理时，你可以使用"两分钟规则"：任何在两分钟之内能完成的邮件，见一个处理一个，不要试图把它们放到行动文件夹里。处理过程中，你还是会遇到一些你想要删除或者归档为参考文件夹的邮件。但在处理的最终阶段，你会发现自己用得越来越多的是三个执行文件夹，与几分钟前满心欢喜地大批量处理时相比，你使用删除键的次数变少了。

30秒考虑期

处理邮件的过程就是去粗取精的过程，所以处理每一封邮件时的第一个问题就是："这条信息究竟对我重不重要？"通常情况下，我们很快就会有"是"或"否"两种答案（记住，在这个阶段，你只是确定邮件的重要性，不需要采取行动）。对于其他邮件，你的回答可能是"也许"。如果回答是"也许"，那你就应该使用"30秒考虑期"这个办法。

你有30秒的时间确定这封邮件对自己是否重要。在这30秒里，你不需要阅读或回复，但你必须把"也许"变成"是"或

"否"。所以经过30秒考虑之后，你要么在浏览后将其删除，要么将其移到别处等待继续阅读，要么决定应该采取哪种行动。

四步把收件箱清零

设置

批量处理

逐一处理

清零

练习：把收件箱清零

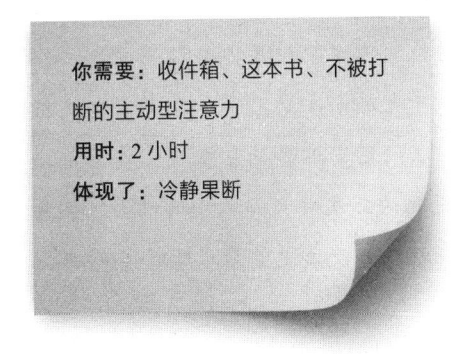

你需要：收件箱、这本书、不被打断的主动型注意力

用时：2小时

体现了：冷静果断

第一步：设置

在收件箱里设置三个执行文件夹：

- 行动
- 阅读
- 等待

鉴于你可能已经设置了参考文件夹，有了自己的结构，你可能还想改变一下。

- 删除所有子文件夹。
- 减少已有的参考文件夹，把数量控制在屏幕范围内。也就是说，当你想要快速把邮件放到参考文件夹的时候，你不用来回滚动页面。
- 如果那么多"小杯子"式的参考文件夹让你不知所措，但你还想先考虑考虑再做永久性的改变，你可以先建几个"大桶"式文件夹，前面标上数字（比如，"1.通知""2.确认""3.朋友＆家庭""4.工作"，你需要什么就建什么）。标数字的文件夹会位于其他参考文件夹之上，但位于置顶的执行文件夹之下。这很有帮助，因为你可以把注意力全放在新建的文件夹上，暂时先多给自己一点时间去思考哪种参考文件夹结构最好。如果你很久都无法确定，那么批量处理邮件的阶段（我们马上就会说到）就是你决定文件夹结构的好机会，因为批量处理时你能看到哪些文件夹使用更频繁，哪些相对来说可能不会。

第二步：批量处理

记住，批量处理就是快刀斩乱麻，基本上不是把邮件归档为参考就是直接删除。批量处理几乎不需要你阅读整封邮件：在大多数情况下，主题行就能告诉你你需要知道的一切（比如邮件内容是不可为事项）。

从哪里开始做

如果你有很多过期的邮件，那就从"邮件死囚室"开始吧。你可以放心地把很久以前的、不需要采取任何行动的邮件放到这个文件夹里。你可能感觉这样做有些不合常理或者太过鲁莽，但是别担心。它们都还在"死囚室"里等你回过头来再读。随着时间的增加，你会越来越喜欢这个主意，因为你能把注意力花到更值得的事情而不是6个月前就没能改变世界的过期邮件上。

接下来，我们将使用收件箱顶端的"按……排序"选项。点击"按发件人排序"，你的邮件就会根据不同的发件人重新排序。现在，找出并淘汰那些不重要的发件人。

- 根据发件人排序，批量处理。
- 从A看到Z，只针对不重要的发件人一口气快刀斩乱麻地删除。
- 根据主题排序，做法同上。
- 回过头来按"日期""主题"和"发件人"的顺序重新处理一遍。

保持新鲜感，保持向前发展。要做到果断。

当你发现很难再找到两封或者两封以上邮件一起处理时，你的大批量处理工作就告一段落了。你该开始逐一处理了。

第三步：逐一处理

逐一处理要求你比批量处理时更细心、更周到。你一定要自问自答，利用提问保持果断和坚决、判断邮件的重要性。

所以，随着处理的进行，你会发现自己有：

- 文件夹1，其中装着几封你知道需要做出行动的邮件。
- 文件夹2，其中装着两三份需要打印或阅读的报告。
- 文件夹3，其中有你正在跟进他人工作的邮件，你可以通过这些邮件继续跟进。

不要模糊界线

设计113页这张邮件处理流程图是为了不让你模糊界线。需要重点强调的是行动文件夹，你要把它看作一个神圣的空间，不把不应该或者没必要放在那里的内容都塞进去。下面这些模糊界线的情况较为常见，需要避免：

- 因为还没确定采取什么行动，就把邮件放到阅读文件夹中。首先要确定邮件内容是不是可为事项。只有不需要任何行动的邮件才可以放到阅读文件夹里。
- 把两分钟之内能完成的邮件放到行动文件夹中。把细碎、烦琐的工作都塞到行动文件夹里，然后拖着不去完成，这样最省事了。但这样可行吗？一定要把容易的事顺手处理掉。

- 把你想要稍后再做决定的邮件放到等待文件夹中。这个文件夹里的邮件都是你已经做出行动的邮件，你正在等着其他人完成相应的任务后回复你。

第四步：清零

这样就可以了！之前屏幕上让你完全失去控制的一大堆邮件现在都消失了，只剩下一片空白。

完成有两种形式：收件箱清零和邮件交托的任务都已完成。每次关上 Outlook 之前，我都会努力把收件箱清零。每天我都至少要清一次零，有时一天几次，这要取决于那天我在做些什么。关掉 Outlook 之后，我的头脑是非常清晰、明朗的：我收到的每一封邮件都经过我的判断，我知道它们的意义和潜在影响。我不一定会完成所有邮件，但是我会非常确定，在我的邮件里没有隐藏的地雷或者金矿。没有东西会突然爆炸，也没有什么会在背后咬我一口。所有内容都在我的掌控之中。

在工作日或忙碌的一周当中，收件箱清零的那一刻会让你感到满足，给你一种完成感，也能防止你因为害怕失去控制而把注意力都消耗在焦虑、检查和压力上。

我的目标是每周都要完成一次邮件任务——收件箱和行动文件夹中的邮件都已搞定，同时也兼顾了阅读和等待文件夹。这种状态不一定能经常达到，也没必要对它痴迷。（如果你规定自己要在一周的某个特定时间把所有邮件都完成，但有的事情持续时间较长，超过了规定时间，这是很正常的。超过了也没有关系。）即便达不到这种状态，我们也可以尽量接近它。只有完成感才能让我们朝更好、更深的层次发展。

想象一下，至此所有事情都完成了。所有的。

还有一个更好的消息。与收件箱里装着 2 000 封未知的惊喜相比，邮件任务都已完成或收件箱清零以后，你思考邮件所消耗的精力和注意力会更少。相信我，这些事我都经历过。现在我是不打算再经历了。

关闭邮箱

现在，你的收件箱已经清零了，你还有一个传统的高效工具可以使用，那就是"收件箱清零"培训班里的幻灯片。它提出的建议是最有争议的，没有之一：你可能需要偶尔坐在办公桌前做一些创造性的工作和思考、决策、管理、对话等比较基本的工作。在做这些事情的同时，彻底关掉邮箱。对有些人来说，这是常识，但即使是那些认可"人间蒸发"的价值、赞成通过减少与外界联系提高效率的人也经常会说，他们这样做的时间并没有希望中那样频繁。

培训班里其他人的反应则是沉默。这条建议的争议性不容置疑，但是请你想一秒钟。开会或者放假时，你可能根本不会看邮箱，但是一想到坐在办公桌旁却不看邮箱，你可能还是会感到胆战心惊。这是习惯和思维模式问题，不意味着你真正的需求。不要误解我的话，如果有一天我的工作就是等着收邮件，好知道我们是否已经准备好启动一个非常重要的项目，我也会紧紧盯着收件箱的。但多数情况下，我都是在早晨进入人间蒸发的状态，有意让邮件在收件箱里堆积，这样我的主动型注意力会更集中，不至于被打断。

忍者处理邮件的流程

- 这条信息究竟对我重要？
  - 不重要 → 删除！
  - 可能重要 → 打量30秒，然后……
    - 没有行动，但是……
      - 还要以后再想想 → 添加日历项，然后归档到…… → 参考文件夹
      - 想留着它 → 参考文件夹
      - 需要跟进别人的进度 → 等待文件夹
      - 需进一步阅读 → 阅读文件夹
  - 重要 → 行动？
    - 需要马上行动吗？
      - 需要 → 我能在两分钟之内完成吗？
        - 能 → 执行！
        - 不能 → 行动文件夹 → 然后…… → 执行！
      - 不需要 → 马上读信/获得信息对我来说很重要吗？
        - 是 → 阅读文件夹
        - 否 → 参考文件夹
        - 否 → 需要提醒自己跟进别人的进度吗？
          - 是 → 等待文件夹
          - 否 → 好的，现在把原始邮件归档 → 执行！

如果我的团队需要我，可以打电话找我。但是我已经足够成熟，知道我并没有自己认为的那样必不可少。顺便说一句，你也是。没了你，团队一样没问题，只要他们知道规则。

所以，如果你和现在的大部分人一样，你就是我说的"联系上瘾者"（connectivity addict），那么对你来说，重要的是挑战自己，找机会人间蒸发。是时候迅速戒掉频繁看邮箱的恶习了。

以下是四个在处理邮件时实现人间蒸发的方案。对你来说哪个用起来最方便？哪个试着用一天或者一周会比较有趣？

- **五五分**：这是我经常使用的方法。早上 9 点之前，我会"紧急扫描"一遍，查看有没有紧急事项，然后到下午 1 点之前都不再打开邮箱。下午 2 点，我开始批量删减、处理和回复，然后整个下午都开着 Outlook。
- **三次常规**：每天分三次批量删减和处理，三次把收件箱清零。清早、午休和一天工作结束之际是三个比较好的时机。每次大概处理 45 分钟，长此以往，可以逐渐减少处理时间。不在办公室的时候，比如出去开会或者办培训班，我就会使用这种方案。
- **一小时做一点**：如果你的工作角色非常被动或者工作节奏很快，有客户向你提问，你却把他们从上午 9 点晾到下午 2 点，其结果是难以想象的。但这并不代表你不能像我们一样通过批量处理邮件提高效率。你可以每个小时固定拿出 10 分钟进行批量删减和处理。
- **走极端**：蒂姆·费里斯在《每周工作四小时》中建议每周拿出一小时处理邮件。一周里的其他时间，他都不会看收件箱。

这不是一般人能做到的，他借助了一系列有意思的外包和自动化手段。但这个想法很有趣。即使你感觉做不到，也大可花几分钟时间想一想自己为什么做不到。随着你对这个想法的认知越来越深入，你会如何看待自己查收邮件的习惯或对联系的上瘾呢？我也很好奇，一旦你把收件箱清了零，你对这个想法的认知会不会有变化？

你是忍者吗？

- 忍者处理邮件的方式很果断。
- 忍者处理邮件时不循规蹈矩，能把想和做分开，能去粗取精。
- 忍者善用武器，知道如何让工具为己所用，代自己上阵。

第五章

忍者的效力：CORD 高效模型

CORD——你的高效绳索

本书一开始我们就讨论过，过去的时间管理技巧已经不足以满足我们的需求了，因为我们无法依靠它掌控手头上的各种任务和项目，更不用说依靠它对无时无刻不在轰炸我们的大量信息迅速做出反应。

在之后的四章中，我将向你介绍四个独特的工作阶段：收集、整理、回顾和执行。它们结合起来是让你从容掌控一切的基石：CORD 高效模型。Think Productive 培训项目的代表在欧洲的大小机构对这个模型进行了实验和测试。它体现了四个重要的工作习惯，四个阶段从头到尾一气呵成，掌握了每一步，你的工作就像是一条结实、折不断的绳索[1]。这就是模型得名的原因。

四个阶段的整体作用大于单个习惯作用之和。如果你收集得好，整理起来就更容易。如果你整理得好，回顾起来就更容易。如果这三个都好，执行起来就毫不费力。执行容易反过来也会让捕捉收集、整理和回顾更简单。

---

[1] cord 原意为绳索。——编者注

所以在本章中，我们主要来看一下 CORD 高效模型的四个组成部分。你可以将这四个主要工作阶段同你自己的习惯联系起来，并在此基础上改善你的 CORD 模型——形成一条坚不可摧的高效铁锁，让你做起事来不费吹灰之力。

收集

在这一阶段，你开始把所有信息收入囊中，为己所用。这些信息包括你自己的想法、和同事聊天时确定的行动、文书工作、语音信箱、社交媒体提示，当然还有收件箱里的那些。像刚才把收件箱清零一样，把这些内容也清零，以实现忍者需要的身心禅定、有备无患。

整理

把所有信息都收集起来以后，就要开始整理了。整理时，我们要向自己提问，并毫不含糊地回答，以保证注意力高度集中，心如止水。在整理过程中，你需要不断地思考，养成直接做决策的习惯，而且要尽可能快和省力。

回顾

回顾工作需要我们做日常检查和每周检查。做这两种检查的目的是为了控制注意力和专注力的导向，只把注意力和专注力投入追求效率最大化、自我审视和机敏灵活的行动中去。还记得我们说过，在知识型工作当中，你既是老板又是员工吗？回顾这个阶段能让我们那个老板自己发光发热，让我们跳出混乱，豁然开朗。

执行

当然，如果没有做事情的阶段，其他阶段都是没有用或没有价值的。执行这一步骤注重注意力和精力水平与选择、策略和工作动力相结合，目的是实现效率最大化。它要求我们在自我审视的同时充满创意，从而做到不拖延、保持事态进展，并对工作保持乐观。

从不知道自己不知道到不知道自己知道

我让你思考"你的高效绳索有多结实"这个问题，其实就是让你想一想自己的习惯。在管理学校中，下面这种关于人类学习新知的四阶段模型在学习和培养管理人才时得到了广泛的应用，主要用来观察人们是如何发展技能和怎么学以致用的。所以，我们先来花几分钟看一看你是怎么学习的，以及你都需要做些什么才能改变自己的习惯。

我建议你在接下来的四章中经常想一想这四个阶段。要有自我批判的精神，找出最需要提高效率的地方。

从不知道自己不知道到不知道自己知道，就是从乳臭未干的"菜鸟"走向经验丰富的老手，我们习惯称之为"专业人士"的过程。不管你学什么，过程都是一样的。下面我会以开车为例，但你即使不会开车，也一定能想象出我描述的学习阶段和例子。

不知道自己不知道

在学会开车之前,你是怎样看待开车这件事的?你可能觉得那是个奇迹。那么多把手,那么多挡,那么多按钮,还要转动钥匙,还要看镜子,太麻烦了。如果我让你把车启动,然后开到商店去,你会无从下手,也不知道具体要学些什么才能做到。

知道自己不知道

时间倒退到几年前你第一次学车的时候。你坐在驾驶座上,教练让你开到马路上。可是你太害怕了,以至于让车熄了火。顿时,你又崩溃又紧张。你用尽全力让车再一次启动,几分钟后,你发现自己正在镇定地反思刚才发生的一切:可能是离合器的问题,可能是没挂对挡,也可能是油门不够大。但不管是因为什么,你已经开始琢磨问题出自哪里了,而且还向自己保证下次一定要小心。到了下一次,你能意识到自己在做什么,所以能够确保不再有相同的事情发生。

知道自己知道

还记得考驾照那天吗?肾上腺素"有如泉涌",你全神贯注地做着每一个动作。你很清楚自己在按"看镜—打信号灯—做动作"的规范行车。猛打方向盘时也没有正十字或反十字死光,动作之熟练前所未有。考试时,你唯一想的就是考试。一定要做对,一定要做对,保持专注。

努力没白费,你通过了!只有高度专注、主动注意力高度集中,你才能通过。

不知道自己知道

想一想你现在开车的样子！你不再时刻有意识地想着行车规范了。你在跟坐在副驾上的人说晚饭吃什么，甚至可以边开车边吃晚饭。你在想别的事情，在听播客、收音机、有声书，而开车却几乎成了你最不用费力气的事情。这就是习惯的力量。你不一定在想"我在开车"，你只是无意识地开着。

轻轻松松达到高效

朋友，很高兴你达到了"不知道自己知道"的阶段。不管你在做什么，习惯都会帮助你完成。你根本不需要再去思考，你只需要去做。接下来的几章里，我将主要致力于培养你的高效习惯。实际上，可以说本书的根本目的就是鼓励你多想一想自己现有的习惯中都存在哪些高效行为（知道自己知道），然后进一步加强这些习惯，直到你很少再去考虑效率问题（不知道自己知道）——因为一旦你养成了强大的高效习惯，奇迹就会发生。不需要费力，不需要意识到自己能做到，你成了凭借习惯脱颖而出的人。

在不经意间脱颖而出

回想一下"知道自己知道"阶段和你的驾车技能。你能把手放在胸口，坦诚地说你是你所知道的最靠谱、驾驶技术最好的司机吗？或者说，你的驾驶技术已经达到最好了吗？如果明天再去考一次驾照，你能通过吗？这是习惯的另一方面——我们进入了"不知道自己知道"的层次，让高效变得轻而易举，但同时也养成了不好的习惯。我们会变得越发懒惰，如果再稍微专心一点或者留意一下自己在做什么，就不会犯错误、出岔子。简言之，想要提高，空间总是有的。卓越永无止境，但不幸的是，完美没有公式。

改变习惯是最难做到的事情之一。为了改变习惯，从而提高效率，我们需要足够了解自己已有的习惯，知道应该从哪里开始提高。虽然这听起来像是世界上最容易做的事，但我们都知道，它也是世界上最不容易做的事。

至此，事情开始变得微妙起来。如果你自以为达到了"不知道自己知道"的最佳状态并对你那些好习惯非常满意，那么想要好上加好就更难了。忍者需要自我审视，定期审视自己哪些方面做得好，哪些方面进展得不好。这就需要我们定期回到"知道自己知道"的阶段，找出需要提高的地方。回顾工作的过程以及工作本身，进而找出还有可能提高的环节并非易事，除非我们在工作中融入一些机制，帮助我们不断进行自省和学习。

这就是 CORD 高效模型发挥作用的地方，它能帮助我们审视自己的工作流程：每件事情的收集都非常有效率吗？你在整理数据和行动提醒吗？你对清单上的事项有很好的整体把握吗？该做事的时候进入状态了吗？这四个阶段也是接下来四章的重点，是当今知识型工作者最核心的思维过程。

如何使用 CORD 高效模型

CORD 模型的用途主要有两个。你可以用它管理自己的工作流程，也可以用它安排每天或每周的工作，做到兵来将挡、水来土掩。这个模型也能给你信心，你会觉得正在做的事情就是此时此刻最应该做的事情。

工作流程

我们都需要对自己的工作流程进行反思，特别是从信息输入到任务完成这个过程。使用 CORD 模型，每一条信息都会被捕捉和收集到。接着，你开始整理收集到的信息，判断是否有必要采取行动。如果有必要做点什么，你同时还要想到此时你还能做什么，以及在这个阶段想要完成这项任务还需要做什么。遇到第一件事就从头到尾地把它做完似乎很符合逻辑，但如果当时你有很多其他的事情可以做，那么一口气做完就可能不是最好的选择。即便如此，无论你遇到多么麻烦的事情，使用 CORD 模型管理工作流程都能帮助你推进工作，提高效率，产生影响力。

旋转盘子

你也可以把 CORD 模型当作诊断工作使用，不断提醒自己，工作不再只是需要做，还需要思考。例如，我在写这句话的时候，知道编辑给我的截止日期就快到了，所以我忽略了收集、整理和回顾的步骤。但我知道自己有意忽略了这些过程，也知道明天截止日期到了以后如何再让一切回到自己的控制之中，所以不会对此感到有压力。每天或者是每周，我们的工作就像在旋转四个不同的盘子——如果 CORD 四个组成部分中有任何一个没有得到足够的关注，我们就会立即感觉到压力。以下就是为什么同时旋转四个盘子对我们来说至关重要，以及如果有一个或多个被忽视，我们的压力水平会有什么变化：

缺乏阶段	后果
收集	新信息输入以后，如果不进行处理，就感觉不知所措；不确定该做些什么；害怕漏掉事情，感觉有压力。
整理	不清楚多久才能完成任务；不确定哪些任务是最紧急的；对盘子里的内容有不切实际的认识。
回顾	不确定工作状态是否达到最佳；不能正确地看待事物；经常感到压力，导致效率低下；经常感觉慌乱，被动而非积极主动地工作。
执行	积压的工作做不完。有时我们不愿意动手做事，更喜欢整理或者做些小调整。可以说，这是另外一种拖延。如果继续下去，行动力就会受损，这是众所周知的事实。

你的高效绳索有多结实

你可以用 CORD 最薄弱的环节衡量自己整条高效绳索的结实程度。把 CORD 想象成一条绳索——你能拉到多长？会在哪儿断开？在四个阶段当中，长期忽略一个，其他三个都会受损。所以，它们每一个都关系到你的整体效力。

知识型工作中最重要的问题

CORD 高效模型能够让你回答这个问题："我能毫不怀疑地说我现在做的工作就是我最应该做的吗？"

这个问题看似简单，但你总能给出肯定回答吗？你如果给不出，就会以最快的速度陷入压力之中，因为你开始觉得自己可能随时会错过什么至关重要的事情。虽然这不会立即产生不良的影响,但一定会让你效率低下,让你感觉危机四伏,随时可能杀你个措手不及,从而使你压力重重。

形成自己的高效系统,再运用CORD模型的原理,你一定可以回答这个问题——不是一天一次,也不是一周一次,而是随时都可以。这个问题之所以不好回答,是因为你必须经过大量思考才能得出结论。但是,它要求的思考之精细和系统远不是我们懒惰、健忘的大脑能够做到的。不过没关系。忍者做事不循规蹈矩,如果你的大脑非常不擅长储存信息、保持专注或者同时分析多个项目和行动的框架(毕竟我们只是普通人),解决方法很简单:准备一个"第二大脑"。

你的第二大脑

> 人类需要颠覆性的思维方式才能生存下去。
> ——阿尔伯特·爱因斯坦

高效忍者不是超人。我们也没有超凡的大脑。过去痛苦的经历往往能够告诉我们,我们非常擅长忘记重要的事情或者做出错误的决定,因为有太多事让我们应接不暇,来不及思考,或者我们仅仅是因为无法为重要的事情腾出时间。是时候彻底改变一下了。

我们将使用CORD模型——特别是其中整理和回顾两个阶段——来帮你形成"第二大脑"。需要记东西的时候就用第二大脑,不要用本来的那个大脑。第二大脑也能支撑我们做好决策——充当智慧和直觉的补充——虽然我们自己的大脑在做决策方面已经相当了得,但是目前我们可能还做不到"脑尽其用",或者只有在处于主动注意力阶段时才能发挥好它的决策能力。

第二大脑的样子

第二大脑包括以下几个基本要素，在接下来的章节中我们还会说到。

记忆

- 工作任务清单
- 这些工作任务背后的宏观项目清单
- 其他清单和参考信息——基本就是将来可能用到的内容

智慧

- 一系列能够帮助你做好决策、保持思路清晰并减少压力的问题
- 检查表和例行程序，用于定期（每天和每周）检查第二大脑里的所有内容

直觉

- 一系列进行自查的问题，其目的是提高警惕、加强反思，定期回到"知道自己知道"和"知道自己不知道"阶段
- "思考工具"，用于帮助自己保持果断，关注事情的重要部分，而不是一味迎合自己保持"忙碌"的需求

老板和员工模式与 CORD

CORD 四个阶段构成的框架能够把工作中的想和做——老板

模式和员工模式——区分开。其主要作用依然是提高你对自己能力的认知，让你逐渐养成更有效率的习惯并将其内化。总体上说，你可以认为"C"和"D"部分属于员工，"O"和"R"两个阶段属于老板。整理和回顾是你开始思考的阶段，是甩掉心理包袱的地方。你毕竟是知识型工作者，所以要把"O"和"R"作为工作中最难的部分。CORD 模型的目标就是提高你的决策能力，促进自我认知，让你更有控制感。

员工只想把工作完成，只想在糕点上摆樱桃，你最不希望遇到的就是在进行一些重要工作的节骨眼上出现一堆困难的思考工作，让你困惑和分心。而"C"和"D"两个阶段能够让你信赖第二大脑，知道一切都在它的控制之中。你可以等到合适的时间再去思考，不必现在忧心忡忡。

信赖和第二大脑

接下来几章中，我们将详细了解 CORD 模型的四个阶段与做法，你阅读这几章的目标就是形成可以信赖的第二大脑。信它则用，用它则不疑。缺乏信赖感，你用时间和注意力换来的只有分心的结果。为了让自己的大脑放松下来，逃离记忆的压力，你要保证第二大脑记住了所有需要记住的决定和事情。

一旦对第二大脑产生了信赖感，你就会由内而外地感到平静。你的思绪就处于此时此刻，而不会到处游离：你会专注于当前需要完成的事，即使知道还有工作可能需要处理，也不会感到忧虑。如果你很少做这样的准备、体验这种程度的控制感，其感觉是难以想象的，就像你不相信收件箱也可以清零。和清零环节一样，信赖是最难做到的，而一旦建立了信赖感，就比较容易养成保持信赖的习惯。

为了让大脑真正放松，让它接管控制权，CORD 过程中的每个阶段都应该受到应有的重视。重视程度因人而异，也因工作角色而异：如果你是接待员，你更多的时间是在处理信息，而不是带项目——你的工作内容主要是处理紧急情况，当场做决定和采取行动。如果你是 CEO，除了基本的邮件、电话以外，你的工作主要是领导和管理——决定启动一件事的时机，和"前线"正在做相关工作的人员沟通，跟进事情的进展。但有一点是明确的：虽然不同人在 CORD 模型的不同阶段投入的时间和精力也不同，但无论做什么工作都必须四个习惯共同培养，组成一套连贯的体系。所以在我们了解这四个阶段的时候，千万不要想着"这一点都不适合我"。它一定适合你，只是适合的程度不一样。

我不想骗你说接下来几章中的练习很容易，这些练习还是很枯燥的。（虽然我希望你在读后能感到释然。）但是，形成可以信赖的、充分运作的第二大脑将会改变你的生活。接下来几章中，我们要做的每一件事都是我千辛万苦学到的经验，也是我要带领培训班学员们完成的必修课。我知道它能带来的改变——我当然也知道了解自己的能力、改变旧习惯是多么困难。但是相信我，结果一定是值得的。

把困难的工作留给新形成的第二大脑以后，你就能体验到忍者的有备无患和身心禅定了。

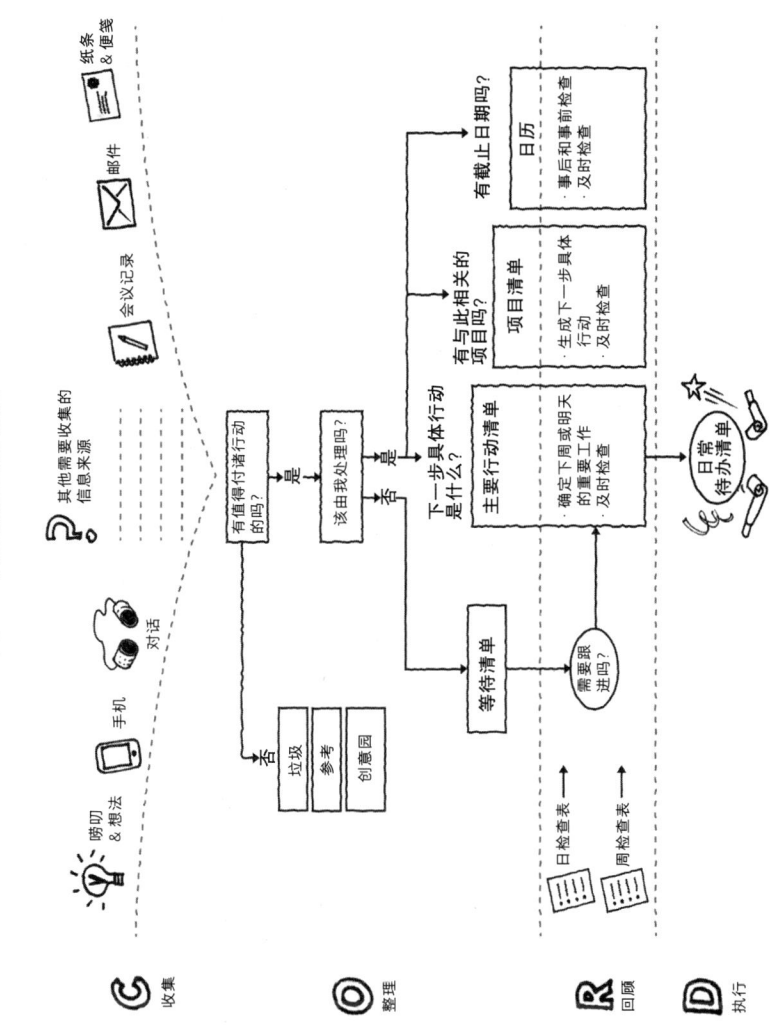

CORD 高效模型流程图

C 收集
- 唠叨 & 想法
- 手机
- 对话
- 其他需要收集的信息来源
- 会议记录
- 邮件
- 纸条 & 便笺

O 整理
- 有值得付诸行动的吗?
  - 否 → 垃圾 / 参考 / 创意园
  - 是 → 该由我处理吗?
    - 否 → 等待清单
    - 是 → 下一步具体行动是什么?
      - 主要行动清单：确定下周或明天的重要工作，及时检查
      - 有与此相关的项目吗？→ 项目清单：生成下一步具体行动，及时检查
      - 有截止日期吗？→ 日历：事后和事前检查，及时检查
      - 需要跟进吗？→ 等待清单

R 回顾
- 日检查表
- 周检查表

D 执行
- 日常待办清单

第六章

收集阶段

> 想法无处不生。
>
> ——阿尔弗雷德·希区柯克（Alfred Hitchcock）

本章，我们先来了解一下CORD高效模型的第一阶段：收集的艺术。在这一阶段，我们要把敦促自己做事的压力、唠叨和创意都收集起来，要把丢在办公桌上、放到钱包里、摆在餐桌上的每一张纸都集中到一起，还要处理邮件、提醒、网站等给我们带来的各种电子信息。

只有把这些内容都整理和收集起来，我们才能保证思维的敏锐和专注，才能用第二大脑做"存储器"，把这些事情放进去，让它到合适的时间再提醒我们。

在129页CORD高效模型流程图当中，你会看到最上面有几个捕捉和收集信息的来源，这一章我们会详细介绍，然后在章末给你机会反思自己的收集习惯。显然，掌控一切的前提是知道"一切"指的是什么。每个角落都可能藏有信息和承诺。我们将一起审视你当前的做法，找出你可以收集信息的地方，然后把重点放在提高上。

很多人觉得自己天生抵制收集信息的行为。这是因为我们的大脑把"收集"和"整理"混淆了，感觉只要把什么写下来，就意味着真的要去做。所以在开始前,我要强调一点:收集不是承诺,只是为了让自己的思路更清晰、明朗。我们要允许自己拥有更多不会转化为行动的想法,就连捕捉最疯狂、最愚蠢的想法也是这个过程中重要的一部分。所以不要试图过滤自己的想法,要让收集这个阶段在没有任何干扰的情况下进行;在整理阶段,你可以随意否定捕捉到的想法,但捕捉之前不可以。只要有想法,就抓住它。

想法

> 思想是一切行为的祖先。
>
> ——拉尔夫·沃尔多·爱默生(Ralph Waldo Emerson)

想管理好注意力,最关键的一点就是较大脑先行一步。对忍者式的知识型工作者来说,善于把模糊的想法变成具体的思考是非常宝贵的能力。据统计,我们一天中平均会有 6.5 万个想法,其中很多是本能反应,比如"饿了,需要吃的",或者"走在路边上的那个人可真性感"。我们会不断地评估、再评估大脑里的想法。所以,如果不能捕捉到在大脑中一闪而过的行动或事情,我们就会面对一系列问题:

- 不能确定往哪里投入注意力才是最好的选择,因为还有潜在的价值甚至是责任没有明确。
- 感觉到压力。
- 一遍又一遍地想着同一件事,不能向前看,不能把宝贵的主动型注意力用到实干上。这种情况也扼杀了我们的创造力，非常低效。

一般情况下，把想法都捕捉起来，并把它们托付给自己信任的第二大脑，就足够我们完成思考，转而关注如何行动了。"我只是在收集想法"这句话通常就代表着压力过后平静的到来。知道自己已经把所有想法都收集起来以后，你就会感到身心禅定：主要是因为你已经给自己的坏记性找到了更可靠的补救方法。现在，你可以面对所有的想法，而不只是对某一时刻的你惦记的想法做出决策。

> 想有好的想法，最可行的办法就是先产生许多想法。
> ——莱纳斯·鲍林（Linus Pauling）

唠叨

我相信我使用"唠叨"这个响当当的"专有名词"，你一定知道是什么意思。当然，我不是针对你的丈夫或妻子，我指的是那些让人压抑、恐慌和焦虑的小想法。令人意想不到的是，唠叨极其擅长在你拿它们毫无办法的时候突然出现，挡住你注意力前进的方向。

- "预算还没做完，我心神不宁。"

逛超市时担心明天要完成的预算对完成预算毫无帮助。唠叨根本就不在乎你能不能完成。

- "啊，看到那个让我想起来，露西和罗翰的派对马上就要到了，我还没想过要穿什么赴宴呢。"

不管你怎么想，都是在做无用功。你还没意识到这种想法就属于唠叨，不知道该怎么做才能向前推进。你只知道自己有事要做。而且，由于你没有做必要的思考，所以同样的唠叨可能已经出现过好几次了。你越不去处理它们，它们就跟你跟得越紧！

唠叨是忍者的一大敌人。它们让人有压力，不安，感到烦躁。更有甚者，它们还会分散你的注意力，让你无法有效地完成手头上的事，无论你是在购物、处理工作还是在一个轻松愉快的夜晚和家人朋友分享各自的近况，想把全部的注意力集中到他们身上。

管理唠叨

每个人的大脑都会唠叨，我不信你能把它们全部消除，但是你可以形成一套功能完备的系统。在这个系统中，你可以借助第二大脑掌控每一件事，并根据检查表在对的时间做对的事，从而减少大脑里时不时冒出来的唠叨。唠叨是潜意识的产物，说明你的生存本能开始起作用了。这可能是因为蜥蜴脑正在试图告诉我们："处理这个，否则……"

否则会怎么样？否则会让人觉得自己愚蠢，不能在规定时间内完成任务，忘记要做的事，漏掉重要的承诺，造成经济损失，丢脸，失去一切……

之所以出现唠叨，是因为我们意识到了自己需要关注某件令人焦虑的事。如果我们潜意识开始觉得潜在危险消失了，或者目前被控制住了，唠叨就会烟消云散。我们有两种方法可以甩掉唠叨。一种是使用忍者的决策技能把唠叨迅速转化为行动，一种是收集唠叨，放到系统里，稍后再回来处理。只有当你确定自己能够在合适的时间回来处理时，第二种方法才会发挥作用。这下你知道为什么信赖第二大脑对我们保持镇静和控制力有很重要的作用了吧？

唠叨爆发时该怎么做

我们说过，冥想是一种绝妙的方法，能够让你从对未来无效的担忧中解脱出来，转而专注于当前的思考。自我审视是一种技能。如果你怀疑冥想的效果，或者在办公室时倍感压力，急需缓解唠叨带来的痛苦，你可以试着把所有想法都写到纸上。不管是什么，不管你喜不喜欢，都可以写下来——你也可以几分钟后就把纸撕掉。把唠叨外化，从大脑中拿出来，放到客观更容易把握的纸上，这个动作本身就需要沉思。这个简单的方法能帮助你了解自己的所思所想，以及自己的担忧和直觉。它也是你开始处理那些事务、做出必要改变之前的第一步。

随时随地捕捉

戴维·艾伦在他的《搞定 I：无压工作的艺术》(Getting Things Done) 一书中讨论了"随时随地捕捉"(ubiquitous capture)：不管你在哪，不管你在做什么，你都需要一个储备场所来帮自己捕捉随时出现的想法。准备使用 CORD 高效模型或塑造第二大脑时，我们要始终记住这一点。人们常说，部分大脑在重复做一件事情时才更容易释放创造力。我有很多好点子是在开车、淋浴或是在健身房跑步机上想出来的。我习惯用笔记本或手机，在保证安全的前提下，一有想法就记下来。把第二大脑留在办公室里是不会让它发挥作用的。为了让第二大脑成为自己的一部分，你要永远都把它带在身上。这么做只需要你把事情储存到手机里或者写到纸上。当然，这里的重点是，你要考虑一下自己怎么才能随时捕捉到想法。

收集想法和唠叨的工具

手机

对大部分人来说，手机、钱包和钥匙都是可以随时随地随身携带的物品，这就更能让我们随时随地捕捉唠叨。更好的一点是，我们可以把手机上的任务功能同步到 Outlook 上，或者把一些管理类应用的网页版和手机版同步起来。

清单类应用

现在市面上的很多手机都有内置的任务管理应用或清单类应用。如果你不打算用应用管理 CORD 模型中整理和回顾的阶段，那么手机自带的清单类应用就足够了。

语音识别类应用

现在很多智能手机都有语音识别或语音听写应用。有些人觉得很有用。就我个人经验而言，它能快速查找联系人（"打电话给加雷斯！"），节省几秒钟的时间，但如果用它捕捉唠叨，效果可能不够好。我相信这方面一定会改变的，而且很快就会。

微软 Outlook、Lotus Notes 或其他类似程序

回到办公桌后，你还是需要收集想法以便稍后处理。在英国，Outlook 在办公室里和笔和纸一样常见。当我们接待新客户时，如果对方不用 Outlook，我们一定感到震惊，因为 Outlook 实在太普遍了，几乎所有人都用。当然，很多这样的系统都是集邮件、日历、任务和联系人于一体的，你可以在它们之间迅速转换。

笔和纸

你可能觉得说了这么多有关于信息效率的问题，笔和纸一定已经过时了。现在高端的工具如此之多，我们有时对笔和纸不免心生嫌弃。我觉得这样是不对的。我在本书中一以贯之，强调的都是用最少的设置时间，在抵触情绪和阻力都最少的情况下把工作完成。多数情况下，特别是捕捉和收集时，笔和纸是简单易行的办法。

对话

要我们处理的很多想法和信息都是被其他信息夹带来的，所以我们要用忍者神秘莫测的技能捕捉到它们。在和老板、同事或朋友聊天时出现的想法、唠叨和行动很容易被我们遗忘，这完全是因为我们不想为了捕捉信息而打断谈话，会告诉自己等到谈话结束后再记录。而我们毕竟是凡人，经常会就此遗忘。

所以，只要有可能，我们就要捕捉对话中的信息。如果是用手机记下来，你就要和同事说明自己是在记录，不是在分心和其他人聊天。下面是你需要注意的几种情况。

和老板谈话

如果你是在和老板谈话，他们的目的可能是要你之后做点儿什么。他们可能会和你讨论要实施的行动，也可能说得比较隐晦，需要你再想想、继续研究或做一些后续工作。谈话结束后，你要回想一分钟，整理一下思绪——把回忆起来的内容都放进第二大脑，稍后再做整理。

会议

要确定任何和你有关的行动都和会议记录相一致，要确保自己和其他人就会议达成了共识。如果你以开会时做的笔记指导日后行动，可以考虑在笔记上留一条线索，方便自己快速找到需要执行的行动或其他后续工作，而不用把笔记都读完。我的做法是用一个简单的五角星符号来区分需要放进第二大脑的行动、想法和唠叨。

社交媒体

很多对话都是通过电子媒介传播的。邮箱就很方便我们收集、整理、回顾和执行——一切在 Outlook 或你使用的其他程序内就能完成——但是考虑到我们通过一种媒介接收到的信息量，社交媒体可能会令人感到很难应付。如果使用微博这样的工具，工作和社交的区分就没有使用邮箱时那么明显了，这会导致我们不习惯在使用这类工具时捕捉自己给别人的承诺，也有遗漏事情的危险。

语音信箱

我们对手机语音信箱的利用可能也不够好，特别是如果你也像我一样边走路边听语音信箱的话，我们经常没有时间捕捉它所呈现的行动。尽管我具备各种忍者技能，语音信箱一直是我这种方法体系中的一个弱点。但是近几年，我发现这种匆忙之中出遗漏的弱点是很好克服的，那就是用一份检查表来提醒自我。之后介绍"回顾"的时候我会说到这一点。

收集点

除了主动捕捉想法、唠叨和可能的行动以外，我们还要把需要整理的纸质文件和电子文档放到一起。我们所有人都有常用的"收集点"，信息会定期自动转入。大多专业人士惯用的两三个收集点是收件箱、零星进来的纸质文件和办公桌上的信件。关于收件箱，我们已经讨论过如何把收件箱主场作为收集点了：新内容在收件箱主场降落，等待着命运的抉择。让人感到庆幸的是，几乎所有邮箱软件都有收件箱，也就是内置的收集点，我们可以从它开始进入 CORD 的整个流程。到目前为止，你已经知道把收件箱保持清空状态的威力了，其目的很明确：让你心如止水，在信息的重重包围中保持决策的最佳状态。决策才是"整理"习惯的基础。

针对在办公室里传来传去的纸质信件或表格等文件，很多人会在办公桌上准备两个收件篮，一个装"进来"的文件，一个装"出去"的文件。如果你的收件篮目前只是个档案架子，你可以在"整理"一章学着活用它们。如果你没有收件篮，可以想一下回到办公桌以后自己或其他人都会把新信件或文件放在哪儿，因为你很可能已经有了一个习惯上的收集点，只是没有明确标出来。收集点设置的自由度也很高。我见过有人用家里的冰箱门、卷烟纸，当然还有很多人只用手背和笔。下面我们简单介绍几个对你很有帮助的方法。

桌面收件篮

纸质文件的收件篮是信件、表格等文件很好的收集点，也是把想法捕捉到纸上之后的一个很好的整理点。

同样，在家里准备类似收件篮的地方也是很有帮助的。你可能会感觉有些多此一举，但是你会发现，这样一个收件篮真的会帮你减少收集点的数量，否则房子里每一个平整的表面上都可能摞着东西！有些工作文件需要你带回家，有些收据、笔记等需要你带回办公室。当然，生活中有些事也能运用"收集"这个原理。我强烈建议人手一个收件篮，我可以用亲身经历证明，它能帮助你促进人际关系。最后，把收件篮放到门口附近有利于你经常清空内容物：垃圾邮件或可回收垃圾，还有需要放回办公室的文件都能很快各就各位。

钱包 / 手袋

如果你和我一样有时不在办公室办公，那么你也可能有车票、收据等需要回来报销。你应该把它们也收集起来。票据很容易丢，我们也很容易忘记每张票据的由来，特别是在隔了很久才整理的情况下。这方面我们大都有过惨痛的经历。

A4 塑料文件袋

外出时，我会用电脑包带两个 A4 塑料文件夹，一个叫"去办公室",一个叫"回家"。在外面收集纸质文件的时候,这两个文件夹就是我的临时收件篮,在我碰到目的地的收件篮之前,它们会一直待在我的包里。多年以来,这两个文件夹可谓功德无量。首先,我不用再把零散的文件塞进包里了,要不然轻则弄皱,重则弄丢。其次,回到"基地"后,我很容易找到文件,所以能够保证把对的东西都放到对的地方去。

电脑桌面

你的电脑桌面上是日积月累的无数个 Word 文档小图标,还是平静的湖面和山峦背景?电脑桌面是两种文档或文件夹的宝库:极其有用的和极其没用的。懒惰使然,我们会把重要文档保存到桌面上,而不是冒险存到合情合理的地方去。希望你不会因为一时找不到文件,还要用上查找功能。所以,电脑桌面立即成了另一个收集点。这不是不行,只是你要做些整理工作。可以创建一个叫"桌面收件箱"的文件夹,然后定期把单个文件都放进去。文件攒多了以后,花几分钟处理,让它们各归其位。当然,不需要的文件大可就此删除。

把收集点减到最少

在设计高效系统,或者思考在哪里设置收集点的时候,你最好要记住,自己的工作不只是收集,还有清空。系统的设计要能尽量减少自己使用时的抵触情绪。举个例子,如果除了当前的工作用邮箱,你还有三个邮箱需要检查是否处于清零状态,你很可能是不会去看的。所以你可以把所有邮箱里的内容都发送到一个地方，这样不仅处理起来更容易，而且会消除准备时间和抵触情绪。此外，你还可以把社交媒体信息都发送到一个邮箱地址，花几分钟在这些网站上设置一番即可。当然，只有当这么做真的可以免去你查看社交媒体的麻烦时再这样做——你应该不想在收件箱里多制造几件会让你分心的麻烦吧！

练习：把收集点减到最少

你需要：笔和纸、积极/主动型注意力

用时：10 分钟

体现了：善用武器

在使用 CORD 高效模型之前，我们要确保一切都设计得当。本次练习需要你列出自己系统里所有的收集点，可能是你已经开始使用的工具，可能是你即将使用的新事物，也可能是使用旧工具的新方法。重要的是，你已经回答了这个问题："我怎么才能知道我已经把所有可能值得一做的事情都捕捉收集到了呢？"

参考 CORD 高效模型的流程图，你就会发现我们已经收集了纸质文件、便笺、邮件、会议记录、聊天中出现的内容、手机里存储的内容，并且捕捉了其他信息来源中的想法和唠叨。

知道所有事情都在，和虽然已经尽力了，但还是怀疑有事情没有挖掘出来，这两种感觉存在天壤之别，所以你一定要把收集点都列出来，写在下面。

我的收集点：

1. ....
2. ....
3. ....
4. ....
5. ....
6. ....
7. ....
8. ....
9. ....
10. ....
11. ....
12. ....
13. ....
14. ....
15. ....

现在收集点都已列出，你能改变一些习惯，从而减少你需要定期清理的收集点吗？你能使用新工具吗？你能合并几个收集点吗？记住，对每一个收集点，你不仅要检查，还要定期清空，所以最终收集点最好不超过 10 个。按照这个原则，请在下面一页写下你最终的收集点，其中包括你已做出和打算做出的改变。

我最终的收集点清单：

1. ....   6. ....
2. ....   7. ....
3. ....   8. ....
4. ....   9. ....
5. ....   10. ....

练习：全面收集

你需要：
收件篮或可以作为收件篮的盒子，笔和纸，老板模式下的主动／积极型注意力，所有未分类的纸质文件、收据、凭单、便笺、打印材料等

用时： 20~60 分钟

体现了： 冷静果断、机敏灵活、有备无患

我们想让你的系统现在就开始运转，所以我们先来练习第一部分。这个练习只有一些培训项目中有，但是这些班里的每个人，从企业主管到秘书，从房东到年轻的工作人员，从网站设计师到老师，都会做。总体来说，他们的反应有两种：一些人觉得做完练习以后，杂念一扫而空，酣畅淋漓，妙不可言；而另一些人则感到压力，称练习让自己的抗拒心油然而生，暂时出现了对生活失控的感觉。如果你属于后者，请相信我。我知道接下来会怎么样，我知道你只要完成练习，最终会感到如释重负。这项练习可

能要花一个多小时，所以你要确保自己有足够的时间。最好在结束时再用五分钟缓缓神，因为整个练习会比较紧张。我还建议你在家、办公室或类似的环境中（比如不要在拥挤的火车上）完成这项练习。

第一步：在家或办公室放一个收件篮。如果没有，可以用盒子或容器代替，大小为最少能放下 A4 纸。

第二步：拿一支笔和一沓便条或书写纸。

第三步：撕下一张纸，把现在还不能执行的想法写上去，写完之后放到收件篮里。你写上去的可能是大脑在唠叨你做的事情，可能是你酝酿已久的任务，也可能是关于某个项目或问题需要付诸行动的模糊想法。

第四步：重复第三步——重复，重复，再重复……循环往复。

收集的几条规则

- 每张纸只写一个想法。
- 如果你已经有一份待办事项清单（但愿你现在已经发现这个清单还远没有完成），可以直接写在上面，不需要再把清单上的事都单独记录到纸上。
- 如果行动文件夹里有的邮件提醒你去做邮箱以外的事情，那么你可以把这些事都写到纸上，然后把邮件删除。
- 写完并放入收件篮以后就不要再回去看那些纸，甚至不要去碰。
- 继续写下去时，注意预防抵触情绪。
- 继续写。
- 不要给捕捉到的内容排列优先顺序，不要整理或进行任何形式的"管理"。这一阶段，我们只练习捕捉和收集的艺术。

- 如果觉得某个主意很好，写下来。
- 如果觉得某个主意很糟，写下来。
- 如果觉得某个主意更像是担忧或唠叨，而不是可为事项，还是要写下来。
- 谁的收件篮最满，谁就是赢家，所以不要拘谨，不要觉得有压力，写就行了。

有时你会觉得自己已经绞尽脑汁，没什么可以捕捉的了，那就想想自己在生活中的不同角色吧（父母、伴侣、儿女、员工、经理、教练、一家之主、一家的财务主管、房东、志愿者，等等）。我们很多人在生活中都有不同的角色，你可能只关注了一些角色，而忽略了其他。

怎么知道自己完成了

当你感觉真没什么可写了，那就准备好进行下一步。如果冥思苦想了几分钟还是没想出什么，练习就可以叫停了。但是如果之后又想起了什么，尽管写下来。

第五步：现在，你的收件篮或盒子里装满了纸片，每张都是一个未付诸实践的想法或唠叨。但在现实生活中，当你把这本书放下以后，周围还会有需要你收集的东西。所以，如果你现在在家，就四处转一转，把散落着需要处理的东西都找到，带回来放进收件篮。你可能会找到超市的兑换券、需要带回办公室的书、需要返还给孩子学校的同意书，等等。如果是在办公室，你有可能在被遗忘的抽屉里找到很多文件、褪色的便笺或者收据。和以前一样，不要在意这些纸条或事项以外那些任务的轻重缓急。

第六步：最后，你要把所有收集点都再过一遍，因为其中可能藏有重要信息。在这些地方还有需要放进收件篮的东西吗？每个收集点都已经设置好，可以直接使用了吗？用几分钟时间，尽可能把它们都设置好。如果有的收集点需要在其他地点设置，但你现在又做不了，那么你可以把需要做的事情写到纸上，然后放进收件篮。

这就完工了。每个想法、唠叨、模糊的主意都已经被收集到了，现在可以开始处理了。但我还是要强调一点，做完练习以后感觉有压力是很正常的。我们的大脑对行动能力有很强的控制作用，所以如果你确实感觉有压力，那就迅速转入整理阶段，压力会随之消失。如果做完之后你兴奋无比，那也是很自然的——是时候像真正的忍者那样娴熟、果断地采取行动，把收件篮完完全全地处理一遍了。

你是忍者吗？

- 忍者的机敏灵活来自一有想法就能收集起来、把注意力集中到手头事情上的能力。
- 忍者有所准备：通过捕捉和收集所有的想法，忍者能够做好准备，进入整理阶段。忍者知道怎么实现身心禅定：冷静果断、有备无患、自我审视。
- 身心禅定是思维清晰的结果。忍者能掏空所有想法，把它们都储存到自己信赖的第二大脑里。

第七章

整理阶段

> 年轻时，我追求自由；年老时，我注重秩序。我最大的发现就是，自由源于秩序。
>
> ——威尔·杜兰特
> （Will Durant）

到目前为止，你已经把所有事情都收集起来了。接下来，我们将进入整理阶段，释放第二大脑的能量。这里，我们的目标和把收件箱清零时一样，就是把收件篮也清空。当然，收件篮里的内容要比收件箱里复杂得多，但两者的原理是一样的。

三个层次的清单

整理阶段属于老板模式阶段，但高效忍者还会兼顾员工模式（工作模式），他们会在这个阶段做好一切准备，创造一切条件，让自己获得轻松、高产的工作动力和控制感。整理阶段的首要目标是确保员工自己有所准备，明确自己的承诺并有信心去完成。我们先来介绍一下结构，再讨论用什么工具，是纸、应用还是Outlook等系统。在知识型工作中，我们会遇到复杂程度不一的任务，从当机立断的行动，到可以尝试的事情，再到更大的、项目层面的任务，所以，一张标准清单是不足以让我们实现机敏灵活的。其原因之一就是，标准清单集两三个不同清单的功能于一身，效果又都不够理想。我们下面就将按照任务的不同水平设置三个不同层次的清单，垫起第二大脑的基石。

- 项目清单
- 主要行动清单
- 日常待办清单

本章中，我们主要来看这三个清单和另外几个整理习惯的主要构成。接下来，我们会了解如何有逻辑地借助问题，让整理变得更容易、更直观。在本章结尾处，我将介绍一些对第二大脑进行设置的实例。当然，还有章末练习，做完练习以后，你就掌握了整理的技巧。

项目清单

我们先来看三个层次中最高的一个。一张"项目清单"就能帮助我们追踪所有进行中的项目。我认为项目就是一系列活动的集合，我们将其串联在一起，以实现某个目标。因此，项目，无论大小，就是任何需分几步完成的工作。

例如，手机合约快到期的时候，更改合约通常被认为是一件事，其实不然。更新合约的理想结果就是买一部新手机，或许还会换运营商，然后开始使用。但在这之前，我们需要做很多事：上网搜手机型号，打电话给目前的供应商，根据当前的使用情况比较价格方案，向朋友征求意见，逛手机店，买手机，激活手机，还信用卡。这是由一系列活动构成的一个项目。

如果实现预期结果需要一周或一周以上的时间，即使只有几步，我也把它划入项目之列。使用标准清单的一个问题就是没有层次感。我们会把很小的事情和很大的项目都挤到一张清单上，然后奇怪自己为什么会感觉手忙脚乱。把项目拿出来放到项目清单里，是重获控制感的第一步。

项目清单只是进行中项目的检查表，不用每天都看，但下一章讲回顾的习惯时我们会用到。项目清单不一定非常具体，它的主要作用就是确保你至少一周有一次是在关注战略层面的情况。

项目清单是行动的来源。每个项目都会提出目前需要你着手的一个或多个行动。当然，项目向前推进的时候还会有新行动产生。这些新行动将被添加到主要行动清单里，等待我们完成。

项目命名

给项目下定义或命名有助于我们预想最终要实现什么样的结果，所以请考虑下面的问题。

- 我想实现什么样的结果？
- 怎么衡量成功与否？

这两个简单的问题不仅有助于我们明确项目内容，也有助于我们给项目命名。命名时有个诀窍，就是用名称体现成功的标准。比如"会议"可以换成"有100名代表参加的会议"，"汽车年检"可以换成"3月21日之前给汽车年检"。

整理项目清单

在项目清单里,你可能希望把项目分组或分成不同的部分,这样看起来更方便,也更好驾驭。你可以按照自己的方式进行。

最显而易见的做法就是划分几种简单的类型。例如:

工作项目:＿＿＿＿＿＿＿＿＿＿＿＿＿＿＿＿＿
家庭项目:＿＿＿＿＿＿＿＿＿＿＿＿＿＿＿＿＿

你也可能需要复杂一点的分类。把工作项目分成几个子类型怎么样?下面有几个例子:

工作—销售:＿＿＿＿＿＿＿＿＿＿＿＿＿＿＿＿
工作—人事:＿＿＿＿＿＿＿＿＿＿＿＿＿＿＿＿
工作—财务管理／预算:＿＿＿＿＿＿＿＿＿＿＿

我有几个项目分类分别对应着 Think Productive 的各个部门(客户、后台、培训班等),个人项目和慈善项目也是如此。如此一来,项目清单就被分成了有条理的几个部分。等到了回顾阶段,销售、人事和财务等项目都各得其所,一目了然。

如果你用的是清单管理软件或应用,项目都是按首字母排序的,有时难免会感到受限。我的做法是在项目名称前加上数字或字母,让各项目依次排列下来。例如,管理这本书的出书流程时,我的清单应用(Toodledo——后面再详细介绍)里有很多项目,每个项目名称前都标了字母或数字,所以它们能聚在一起(下面的"B"就代表"书"),而且有一定的逻辑顺序:

B1——写作

B2——编辑

B3——校对

B4——平面设计

B5——网络直播

B6——营销和公关

B7——发布

我所有的私人项目前都标上了"P"：

P——汽车维护和 3 月 21 日前年检

P——6 月去布赖顿看望家人

P——求租公寓（2 月 1 日前定好目标区域）

给项目清单分类的方法还有很多。Think Productive 培训班的一名高效忍者马修用 ABCDE 进行分类：

A＝获得（Acquire）

B＝斡旋（Broker）

C＝合同（Contract）

D＝实现（Deliver）

E＝支付（Extract Payment）

这种 ABCDE 的分法反映了整个业务流程，所以你的全部工作都有可能被归到其中的一两个分类之中。我就有一系列项目分别属于五个不同的类型。A代表"获得",即找到新客户。它涉及的事务有营销活动、推广、建立关系网、促销活动、会议等。B代表"斡旋",这一阶段的工作就是与潜在客户就协议进行交涉,努力让他们签约。C代表"合同",涵盖合同签署的整个过程。D即工作本身——实现合同中的承诺。最后E代表"支付",就是要确定发票已经寄出,银行支票已付。这个项目分组的方法很不错,你可能觉得有用,也可能开发出其他更适合自己的方法。关于怎么整理项目才最好,工作描述(如果你有)及其标题是很好的参考依据。虽然现在看起来你的工作职责要比一开始的工作描述更宽、更复杂,但是工作描述不失为一个好的开端——你可以以工作描述为基础,自行调整、编辑和增加。

现在,不要过于担心项目清单上的细节,或者该怎么标注数字和字母。这些在章末练习中都会涉及。

制作项目清单这种行为的首要目标就是迫使你每周花几分钟进行必要的思考,明确自己的承诺,做到清晰和明朗。与我共事的很多人都共享一个团队项目清单,上面会详细说明他们的一些个人职责。但是对项目的其他内容,他们很可能记录得毫无条理。其结果就是,我们会把行动和项目同时捕捉起来,混合着塞到标准清单里,把耗时5分钟的行动和跨度5个月的项目放在一起。这样的清单读起来耗人心力,尤其是在很多项目需要更多的思考时间,而不是作为行动需要实践的时候。项目是没法付诸实践的,只有行动可以,而那就是主要行动清单的责任。

打破这些恶习,区分项目(想)和行动(做)确实需要一点适应的时间。但只要你适应了,一切便会习惯成自然,而且非常实用。一张纯粹的、检查表式的项目清单能帮助我们进行老板模式的思考，也可以把我们同工作模式的自己划清界限，让我们在开足马力前进的时候不至于被宏观层面的因素分心。

主要行动清单

内容最多、最重要、变动最大、最常用的清单就是"主要项目清单"。它就是你下意识想创建的或者在传统时间管理书籍中看到的那种待办事项清单，但是主要行动清单和它们有一些基本的区别：

1. 它是主要行动清单，因此每个项目中每个目前可以实践的行动都被包括在内。它不会包括未来几个月的事情。知道为什么吗？因为事情会变。
2. 主要行动清单里的内容很容易被分解为不同的类型，所以你能快速获取自己最需要的信息，尽快做出决策。
3. 主要行动清单是你看一眼就知道该用现在的主动型注意力做什么的地方，你同时也会知道等一会儿大脑转不动了，或者注意力越来越不积极的时候该做些什么。它也能根据你所在的地方管理行动，不管你是在办公室、家还是其他什么地方办公。最后，你可能还想跟进那些涉及合作的行动，比如需要就近和同事们讨论的行动，或为即将到来的会议商定议程等。
4. 你要自己决定主要行动清单里的种类，按照自己的需求设置适合自己的系统。

你的主要行动清单可以尽可能复杂，也可以尽可能简单；可以是你工作角色的影射，也可以是你多角色转换的综合，总之是让你感觉最舒适的地方。

在70至90年代，为时间管理课程画上句号的都是一个皮面精装的计划本或日记本。本子里有画得十分精细的时间管理框架。你的任务就是把工作、生活套进这个完美的框架，而绝大多数人是做不到的，不是这个系统太过复杂，就是工作内容与其不甚匹配。其实，系统——特别是主要行动清单——是老板模式和员工模式相交处最富个性化的领域。费九牛二虎之力做完大部分工作和获得轻松高产的工作动力与控制感之间的差距仅在于，你能不能找到最适合自己的主要行动清单。

5. 主要行动清单以行动为导向。清单上的语言都应该是鼓励你完成某一行动，而不是敦促你思考的。

在做每个行动时，你都需要明确指出下一步是什么。这虽然听起来简单，但生而为人，我们习惯于关注带来某种结果的模糊想法，而不是接下来具体做什么。在这一阶段，你最好清除所有的不确定性，让员工模式的自己感觉正在糕点上摆樱桃：无须思考，不感到不确定，只有因做好了准备而专注于眼前的身心禅定状态。

下一步具体行动

清单上的措辞很重要。我们一定要对什么应该，更重要的是什么不应该出现在主要行动清单上有清醒的认识，而我们的措辞就能起到关键的作用。想象一下，每个决定都是老板模式和员工模式对话的结果。给员工模式向老板模式咆哮的权利："再清楚点!"或者"你究竟需要我做什么?!"如果你构想不出一个具体的活动,那它就不是真正的行动。想一想接下来具体的行动。或许你能同时做几件事,又不需要遵循一定的顺序。这些就是你需要添加到主要行动清单里的事。主要行动清单里的应该都是你一有时间就可以去做的具体事务,这样你才能确保自己一有空就做出最佳的知情选择。

谓语、宾语、主语

如果你不确定行动够不够具体,可以看看它包不包含谓语、宾语和主语。如果三个都有,你就能绕开不确定性,在接下来的工作中保持劲头。所以花几秒钟选择清晰的措辞以保持清晰的思路是很有价值的。

行动阶段的良好和不良措辞

良好措辞	不良措辞	非常糟糕的措辞
给杰夫打电话,告诉他有关会议场地的建议	联系杰夫	杰夫
通过 Outlook 和埃琳娜安排见面,讨论加薪事宜	解决埃琳娜的加薪问题	埃琳娜加薪?
给罗伯发邮件,问他对接下来社会企业融资的工作有什么建议	了解社会企业融资情况	关于社会企业的新想法
打印报告,标出最后需要修改的地方	完成报告	今天是报告的截止日!!
上网查找废料桶租赁公司,让助理询问报价	安排废料桶,清除垃圾	垃圾

让现在无法实施的行动远离主要行动清单

不能进入主要行动清单的是一系列不属于行动的行动（因为你还没有给它们做恰当的界定）或者接下来无法进行的行动（因为事情的相关性）。举个例子，如果我要准备一场会议，我就会给6个承办商打电话，问他们有没有空闲场地。与此同时，我还会起草会议日程或营销计划。但是场地确定之前，我不会发送邀请函。所以在这种情况下，不要把发送邀请这个行动放进主要行动清单。记住，想要继续做事情的时候，我们就要尽量避免太多的思考，否则很快就会陷入模糊和不确定当中。

行动的"具体化"意味着要把"关于这个项目，得追一追维吉尼亚"变为"给维吉尼亚打电话"。你能想象出自己正在做这件事。如果见到文字之后，你就能想象出自己需要做的事，那你大概就为主要行动清单选对了措辞。你可能觉得这样做很烦琐——很多学员也这样认为——但是这个习惯确实有助于我们保持清晰的思路。当你在主要行动清单上写下那些文字之后，你的思路会更清晰，之后工作起来也更有动力。

整理主要行动清单

> 思想家需要信息，但必须是在适当的时间。
>
> ——南希·克兰
> （Nancy Kline）

知道把哪类事情放进主要行动清单里后，你就应该考虑什么样的清单结构最适合自己了。下面有三种主要的结构元素，我将按照其重要性依次加以说明。首先，最重要的是地点。

地点

地点是主要行动清单的支柱。每一项任务需要在哪里完成？对很多人来说，答案很简单：办公室。他们的工作基本上都是在办公室里完成的。到目前为止，"办公室"列表在我的清单上也是内容最多的部分，但我也有其他地点的列表。

家

或是在家办公，或是在家处理与家相关的事情和私事。

外出

身为一名培训师，我经常穿梭在各城市之间。在乘晚班车回家之前，我总是有一个小时需要消磨。所以这个列表对我来说很实用，因为我可以利用这点时间去书店、文具店或其他我需要去的地方。

网上银行

是的，网上银行的业务需要在办公室处理，但麻烦的是，我们想登录网上银行，就必须通过一些烦琐的安全系统。所以一旦登录，我们就该趁机把当时能够处理的网上银行任务都清除出列表。

电话与思考/决策

这两个列表不是通常意义上的地点列表，但里面的任务都是可以随时随地处理的——所以当我不在办公室或者出去散步时，我能做决策，也能打电话。

其他办公室

如果你在多个办公室办公，就应该设置这样一个列表，特别是有些任务需要用到那个办公地点的软件或文件时。

其他工作

现在有很多人是自由职业者，做两份兼职，或者身兼多职。你不知道什么事在什么时间会需要自己提供的注意力。很可能你刚开始有状态写周一要交的报告，周四开会的点子就冒出来了，而且两者完全属于不同的工作范畴。你需要及时了解其他工作的责任和义务，但也需要一点技巧，暂且搁置它们。

虽然有95%的事情都能被放到"办公室"清单里，但是其他清单里那5%的工作也非常有用。不管你在哪儿，你都能够根据地点掌握各方面信息，这对做好此时此刻的决策非常重要。

注意力

下面的内容具有非常鲜明的忍者特点。另一种分解清单的方法就是评估不同的工作所需要的注意力水平。

办公室—主动型注意力
办公室—积极型注意力
办公室—不积极型注意力

把清单分成这三个子清单更易于管理注意力时段，能够保证你使用主动型注意力处理疑难杂症。把每件事都记录得这么详细看似是一件繁重的工作，但其实你根本没必要把它搞得那么麻烦。我习惯上会让标准的办公室清单充当"办公室—积极型注意力"清单，然后把剩余的任务分别放进"办公室—不积极型注意力"和"办公室—主动型注意力"里。如果你用的是任务管理软件，可以把这三个子清单设置成分类或标签选项。（稍后我们再详细说明。）

对象与讨论

最后一个划分子清单的方法就是按对象来分类。如果有老板或助理经常问你各种问题，或者你想把电话等不可避免的打断变成提高效率的机会（如果有人打断你，中断你的工作思路，你就可以把相应的子清单拿出来，和他们在电话上讨论这些事情），这种分法特别实用。

按对象管理任务有几个技巧，你可以衡量其是否适合你，然后再做选择：

"丽莎"和"丽莎等待"

我在我的系统里为助理丽莎创建了两个子清单，其他由我直接管理的人也都有两个。第一个就叫"丽莎"。这个清单里都是我给她准备的工作，但还没有交给她。我只要在办公室，就会和她对一遍这个清单。第二个叫"丽莎等待"，你大概能猜出它的用途。这个清单里都是我交给她、等她完成的任务。经过讨论，她开始执行任务的时候，我会把这项任务移到"丽莎"清单里。有时候，有的事项会在"丽莎"和"丽莎等待"之间来回转移，有时也会跑到我的"办公室"清单里来，如果接下来的工作该由我处理的话。

"和李讨论"

李是我们最出色的高效忍者之一。他有一个"和格雷厄姆讨论"的清单,我也为他准备了一个"和李讨论"。我们只要有时间通话,就会通过电话对一遍各自的清单。单子上大部分内容都不是行动,但都是需要我和李讨论的事情——需要检查、征求意见的事情,让对方考虑的想法等。把这些和"办公室"清单分开是非常有效的做法,因为我们通话十分钟就比给对方发几百封邮件有效率得多。这个清单可以单独存在,也可以成为电子清单里的一个标签或分类。

如果你不直接管理其他人,或者没有需要经常联系的一小部分人,那你就不需要"对象与讨论"这一系列的清单。没关系,只用地点和注意力这两种,你也能形成自己的系统。当然,只有在觉得这种技巧有价值的情况下,你才能使用它。你很有可能不需要它。

两分钟法则和短时行为

很多高效系统和时间管理书籍都有一条重要的宗旨:两分钟法则。这条法则因戴维·艾伦的《搞定Ⅰ:无压工作的艺术》而为人熟知,在此之前,迪安·艾奇逊(Dean Acheson)在他的"时间/设计系统"(Time/Design system)中也应用过它。这条法则很简单:你觉得任何能或可能在两分钟之内完成或推进的事情都应该立即处理,不应该添加到主要行动清单里。

在所有整理习惯当中,这个技巧非常实用。它能帮你减少主要行动清单上的事项,养成果断和高效的习惯。高效是因为如果你不花两分钟处理完,就很可能要花两分钟写下来,过一会儿再看,回忆到底需要做什么。这样一来,花在思考上的时间会远多于两分钟。

不断更新的主要行动清单

如果你状态非常好,你的主要行动清单就会不断增加和减少——毕竟它是一个动态的清单,装着你随时可以做的事情。同理,你主要的子清单也是动态的。随着事情的发展,它们会在相应的清单上被划去。随着新信息的到来,它们会被整理成新的行动,然后放进主要行动清单里。你要清楚自己的系统中哪部分运转得好,哪部分不好。在回顾阶段,你尤其要注意反思它的好与坏。或许应该新建几个子清单或子类型?或许应该删除两三个条目,精简一下?不断地更新系统不仅是自然而然的做法,而且是非常有用的习惯,它能让你反思不断变化的世界,也就是你的优先事项、责任和生活。

主要行动清单——精简版

精简版的主要行动清单可以包括办公室、家和这两点之间的地点。唯一的分类就是"地点"。这对很多职场人士来说就足够了。只要以下这三个子清单里的任务都没有超过几十个,这个表就足够你记住该做的事情了。

办公室	家	外出
拟定周四开会要讨论的想法	查找废料桶租赁公司,找到当地三家公司的电话号码	到药店买处方药
给苏珊打电话询问纽约宾馆信息	看冰箱/橱柜里还剩什么,准备购物清单	挑选电脑包
填写月度收益,发回给财务部的尼克		

我主要是想为你提供主要行动清单的结构。你在三个子清单下列出的事项，可能和例子给出的完全不同，但我希望这个结构或分类能够对你有所帮助。看到这个表格，你大概就能知道怎样设计主要行动清单的结构了。在章末练习中，我们还会谈到这一点，你可以在那里完成设置。

主要行动清单——普通版

比较常用的主要行动清单如下表所示。我们还是会根据地点分类（办公室、家、户外）。但是，当你的任务很多，比如有十几个办公室任务需要完成时，你会发现根据自己需要的注意力水平分类（主动型、积极型和不积极型注意力）更有帮助。此外，我们还加了两个子清单，里面是你随处可做的事："思考／决策"和"电话"。它们能让主要行动清单更灵活，有助于你明确事情最适合怎样以及在哪儿完成。

办公室—主动型注意力	家	外出
拟定周四团队开会要讨论的想法	查找废料桶租赁公司，找到当地三家公司的电话号码	到药店买处方药
花半个小时阅读销售方案，发出前做最后修改	看冰箱／橱柜里还剩什么，准备购物清单	挑选电脑包
办公室—积极型注意力	**电话**	**思考／决策**
给克里斯发邮件询问转录项目接下来的工作	给苏珊打电话询问纽约宾馆信息	九月要不要和姐姐去秘鲁？（本周做决定）
填写月度收益，发回给财务部的尼克	给客服打电话咨询新手机事宜	新岗位招聘时，我们想要什么样的人？（给出初步想法）

续表

	给李打电话讨论布里斯托尔培训日的行程	
办公室—不积极型注意力		
扫一眼信用卡对账单，然后发邮件给尼克		

主要行动清单——复杂版

下面是一个较为复杂的主要行动清单。使用这个清单的人一般会在几个不同的地点工作，和员工、助理都有密切的合作，而且工作量很大。这个时候你不要担心清单中的分类是不是你能用或者应该用的，也不要担心该把清单放在哪（"纸上？手机应用里？晕了！"）。别慌，我们一会儿再关注清单的使用情况。现在请尽情欣赏工作中的第二大脑吧。别忘了，我们现在的目标就是达到思路清晰和身心禅定。第二大脑把所有事情都牢牢记住，就意味着你不用自己去记了！

办公室—主动型注意力	办公室—积极型注意力	办公室—不积极型注意力
拟定周四团队开会时要讨论的想法	给克里斯发邮件询问转录项目接下来的工作	为家庭税设置直接扣款
花半个小时阅读销售方案，在发出前做最后修改		填写月度收益，发回给财务部的尼克
网上银行	和李讨论	电话
给内森转40英镑买朗尼·史葛爵士乐俱乐部的票（储蓄账户：089186，往来账户：13356199）	用Skype给李打电话，敲定公司培训日的最终行程	给苏珊打电话询问纽约宾馆信息

续表

查看乔安娜是否还我钱了		给客服打电话咨询新手机事宜
		给李打电话讨论布里斯托尔培训日的行程
其他办公室（每周五）	**外出**	**思考/决策**
向办公室楼下的新房客做自我介绍	到药店买处方药	九月要不要和姐姐去秘鲁？（本周做决定）
拿下周去布里斯托尔的火车票（在我办公桌上）	挑选电脑包	新岗位招聘时，我们想要什么样的人？（给出初步想法）
丽莎	**丽莎等待**	**家**
让丽莎扫一眼信用卡对账单，发邮件给尼克	等丽莎定下周六去伯明翰的车票	查找废料桶租赁公司，找到当地三家公司的电话号码
		看冰箱/橱柜里还剩什么，准备购物清单

日常待办清单：忍者的双刃剑

把所有项目和行动都列出来后，每天一开始最好再做个计划。日常待办清单是这个计划中非常重要的一部分。坐下来，把咖啡放在身边，写下"今天要做的事情"——这是很多白领的日常惯例。这样做的人虽然有很多，但他们创建的大多清单并不会真正发挥作用：他们都是根据记忆和昨天下班前放在办公桌上的纸条拟定计划的。由于没有第二大脑装载完整的主要行动清单，他们只能四处搜寻，先搞定两三件最紧急的事情，然后想起来什么就往日常待办清单里填。

这种做法大错特错。很多时候，如果没有主要行动清单做参考，我们往往只会关注最紧急、声音最大的事情。那些重要的和不易察觉的事情经常被忽略。

高效忍者设置日常待办清单的方法略有不同。每天一开始，你都能快速看一眼主要行动清单，然后根据它做出更明确、更明智的选择，进而更好地利用有限的时间和更有限的注意力。

日常待办清单里都是你今天需要关注的内容。你可以把主要行动清单想象成一个装满衣服的衣橱，然后把日常待办清单想象成你今天要穿的衣服。

我的日常待办清单通常就是一张便利贴。虽然我每天都会返回更宏观的主要行动清单看几次，但是一张小小的便利贴有助于我把关注范围缩小到几件事上，保持做事的状态。如果不喜欢便利贴，你也可以在主要行动清单里把要做的事情勾出来。或者，如果你的主要行动清单是储存在数字设备上的，例如待办事项应用、Outlook任务等，你可以通过标记"优先"或"今日待办"的方式来创建日常待办清单，然后在屏幕上只看这些事项。用这个小行为开启新的一天不仅能提高专注力，还能帮助你拒绝各种各样、随时都能到来的分心事。

但是，日常待办清单是一把双刃剑。它确实能提高我们的专注力，但也很快就能落入被心理学家称为"计划谬误"[①]（planning fallacy）的范畴。一天之始是你最神清气爽的时间，所以你很容易高估自己，把日常待办清单塞得满满当当，低估每件事的用时，轻视注意力水平的起伏，甚至都没考虑到一天中还可能有新的内

[①] 对完成一项任务所花费的时间做出过于乐观的预测的倾向。——译者注

容需要处理。一天之始，我们经常怀揣伟大的计划，斗志昂扬，直到上午 11 点美梦破碎：你收到一封紧急邮件，是财务部乔茜发来的，她要你马上按照某种奇怪或恼人的格式填写一些单据。邮件下方还附加了来自你老板的三行"箴言"，好确保你放下一切去完成这件事。在这种情况下，当你下午 5 点再次看到丝毫未动的日常待办清单时，你觉得自己会有何感想呢？

调整日常待办清单

如果上午 11 点出现了意外事件，在剩下的时间里你就可能一直在盲目地工作。你本能偶尔看几眼日常待办清单，但意外一来，日常待办清单没有起到提高你注意力集中水平的作用，反而加深了你的挫败感，因为其他事情破坏了你的计划，霸占了你宝贵的注意力。所以在午餐时间，或者一天中另选一个时间，你应该重新确定一下自己可以完成的事项。效率是由工作动力决定的，你万不可把自己的清单变成压力的来源。所以，改变规则，才能胜券在握。

请郑重地向我保证你能做到这一点。永远都不要忘，你不是超人，你是忍者，是人。你必须认识到世界在变，而你已经尽可能做好了准备，你做了明智的决定，你做的就是你最应该做的，只要有可能，你就能进入忍者的工作状态。你能做的就是这些。

等待清单：忍者的秘密武器

好吧，我确实说过我们一共有三个清单。其实还有第四个，但是短小精悍的一个。截至目前，你已经完全相信第二大脑能够管理行动了。问题是其他人。在你兢兢业业做好每件事的同时，你很清楚有一半同事都在社交网络上虚度光阴，在茶水间八卦，没有像自律的高效忍者那样尽职尽责。

所以，等待清单是一个巧妙、隐秘的小工具，能帮助忍者解决其他人不作为的问题。其原理很简单：用清单跟进做不完工作的人，确保他们完成你希望完成的事。你在回顾阶段可以跟进这些事项，然后适当追一追同事。在邮件那一章，我们提到的等待文件夹和这个清单有异曲同工之妙。我能用等待清单跟进很多事情，比如：

- 销售状况查询（约翰说他会在 1 月的第二个星期交给我）
- 未付款项（在等客户 X 的报账）
- 私人提醒（在等去温布尔登的票——5 月初邮寄的）

等待清单可以和主要行动清单储存在一处，你也不用经常查看这个清单。后面我们会看到几个检查表，它们会提醒你在合适的时间查看等待清单。

其他需要整理的内容

有了三个层次的清单，即项目清单、主要行动清单和日常待办清单，你就几乎能掌握所有的事情了。但在整理收件篮里的事项之前，还有几个部分需要我们考虑，它们是：

- 等待收件篮

- 数字和纸质参考系统
- 创意园
- 日历
- 检查表（下一章我会教你怎么创建）
- 大垃圾桶

我来依次说明。

等待收件篮

很多人在整理的时候都可能忽略一个地方，那里"停放"着所有目前用不上的物品，比如下周开会的入场券，你等待回复的邮件打印件，或者等别人来办公室找你拿的表格等。等待收件篮可以和第六章捕捉和收集中我们讨论过的收件篮摞在一起。我个人比较喜欢：

- 进来（上部）
- 等待（中部）
- 出去（下部）——出去的文件都是你已经完成的纸质文件。把它们存下来是为了放到参考文件里。

数字和纸质参考系统

我和很多人一样，使用纸质参考系统的机会越来越少，也希望有一天能做到无纸化办公，但有时纸质文件真的是非用不可。有鉴于此，我先来介绍数字文件及其越来越重要的作用，再为整理纸质文件提供一点建议。

数字参考系统的三个组成部分

1. 服务器（存储团队或企业共用的 Word 和 Excel 等工作文件）：如今，小一点的企业对服务器的需求越来越少，因为 Dropbox 和 Google 等公司提供的服务越来越被人们接受。
2. 个人参考（在这里你储存的是私人密码、客户编号、小段文字、食谱、思维导图或其他对某个项目有一定作用的信息）：这些年我用过 Outlook 的笔记功能、微软的 OneNote 和印象笔记（Evernote）。用印象笔记有一点好处，那就是不管去哪，我都能登录印象笔记的网站获取我需要的文件，而且电脑、平板、手机都能下载这个应用。总之，它是储存大量有用信息的好工具。
3. 网站书签：很多人用美味书签（Delicious）等服务器记录访问过并还想再访问的网站。如果你不需要储存那么多网站书签，我建议你为了方便起见，直接把它们插入印象笔记或者常用的浏览器里。当然，如果你经常使用某种服务器，申请一个独立账号也是可以的。

纸质参考行将消失

如今纸质参考系统仍然是必不可少的，但人们对它的需求确实在不断地发生变化。一些纸质文件（例如政府下发的关于车辆和税务的证明）是无法被代替的，而且我也不想追求无纸化办公，所以我把目标定在大量减少纸质文件。如果你现在有好几个装满纸质文件的抽屉或架子，下面有几种方法可以让你做到这一点：

- 扔掉或回收在网上很容易找到的纸质参考材料。现在很多表格、报告、报纸和杂志都有存档，你可以直接在网上阅读或下载。
- 注意有纪念意义的文件，保留原件要比看扫描件更重要。
- 消除现有文件中的冗余，只留下精髓（一年处理一次是个很好的习惯）。

现在还有很多快速扫描的设备，你可以用来扫描纸质参考文件，然后上传到服务器或者印象笔记等参考应用中，非常简单、快捷！如果现在你的文件柜或档案库里有很多待处理的纸质参考材料，不妨买一台这样的设备。你会发现有了它以后，公司不再需要处理那么多纸质文件了，既省时又省钱，非常值得。办公桌上放一台非常好用的扫描仪还能让你更果断地把东西扔进垃圾箱：不确定需不需要它？快速扫描一遍，然后扔掉文件。

处理剩下的纸质参考材料

对于剩下的纸质文件，一个最简单易行的方法就是按照 A~Z 的顺序放起来，需要的时候再回来找。但是我有两个例外。我的财务信息都放在几个文件夹里，方便参考和更新，也方便每个纳税年末的归档；我所有的财务文件夹都不在 A~Z 的抽屉里。另一个例外是证明文件和合同。我把它们都放在一起，方便查找。除此之外的所有文件都按字母顺序存放。几年前，我有一个四层抽屉的文件柜，现在缩减到了两个。我的目标是几年之内继续减少。

创意园

你偶尔会突然产生一些想法或建议，你感觉非常有用，但不管出于什么原因，就是不适用于你正在处理的优先事项。有些想法可能对未来的项目有帮助。如果日后证明没帮助，你可能会把它们删除，但至少现在不想放过这个想法。这就是"创意园"发挥作用的时候了。我的创意园里现在有上百个想法，包罗万象，比如想尝试的软件、想去散步的地方、关于业务拓展和营销的想法、博客和文章的写作思路、整理思路的方法，等等。它是个倾倒场，一片狼藉，但它有时却能在最恰当的时间给我最合时宜的想法。我的创意园还衍生出一个清单，名曰"看/读/听"。我用这个清单记录朋友或同事推荐给我的电影、书和音乐。我如果登录了亚马逊或 iTunes，就会把它拿出来。我在这些方面的记性特别差，有了这个简易清单，我就不会错过我喜欢的电影、书和音乐了。

日历

最近我开设了一个培训项目，学员是来自伦敦贫困地区的 16~18 岁的青少年。他们正在参加一个旨在提高技能、放飞理想的夏令营。把复杂的"工作用语"转化成孩子们能接受的语言，着实是种挑战。他们当中很多人没参加考试就辍学了，更不用说有机会踏进办公室的大门。项目结束后，他们又把我请回来，和来自各行各业的志愿者一起参加了一个颁奖仪式。有一个孩子走过来对我说，"你就是那个讲效率的人吧？那一期非常精彩。嘿，你知道听完你的讲座后我做了什么吗？我去给自己买了个记事本，天啊！"。那是我比较难忘的时刻之一。记事本或日历是我们最习以为常的东西，却从没有人告诉他，他需要一个。我感觉给他这个小启发的人应该是我。

我无法具体告诉你笔记怎么写、电子日历怎么填。这些东西都是个性化的。但我还是有几条建议。但愿它们都是常识，也符合你的个人喜好：

- 不要让别人在 Outlook 上安排你全天的日程。自己的时刻表，要尽可能自己掌握控制权和自主权。
- 不要把任务都堆到日历里。今日事今日添加，不要把几天后的任务也放进去，除非有绝对的需要。如果有需要，也只添加有截止日期的事情或会议。让日历灵活、变通更为重要，因为你随时可能遇见突发情况，所以日历里要有足够的空间。
- 如果你有纸质的记事本，要尽可能让记事本和电子日历保持同步。
- 因为系统的薄弱环节决定着整个系统的强弱，请考虑一下如果纸质的记事本丢失了会造成什么样的后果。定期问一问自己这个问题，花五分钟用手机、相机或复印机存个备份就能解决这个问题。

检查表

检查表是我们最不善于利用的工具之一。下一章讲回顾的习惯时，我会介绍怎么使用检查表。

但简言之，检查表的作用就是复制之前的想法，所以对于重复性的流程，你不需要每次都回忆之前的想法，可以直接开始最好的实践。检查表能避免我们在开始工作之前重返老板模式，减少工作阻力。有了它，你可以一直保持员工模式不中断。它让你经常能够按需调用自己的主动型注意力，或者减少犯错误和遗漏事情的风险。下面有几种环境和情况，你可以考虑使用检查表：

- 团队例会等日常会议。使用检查表有助于我们快速设置会议议程。
- 经常性任务，如举办相同的活动或反复推送相同的产品。
- 定期旅游或年假。使用检查表能确保我们准备行李时不遗漏任何物品。
- 定期购物清单（我自己有一个定期去网上食品商店的购物清单，我们公司还有一个每周购买办公室用品的清单）。
- 分发对象清单，比如邀请谁参加活动或给谁发圣诞贺卡等。

检查表能给你信心，并减少工作的阻力。检查表的妙处在于你能根据遗漏了什么事情，或者有什么新的变化更新清单里的内容。它位于你的数字参考图书馆，是你高效的秘密武器。检查表是设计工作流程和系统的开始，因此也是委托任务和工作自动化的第一步。

大垃圾桶

高效忍者们知道，他们武器库里最重要的一个高效工具就是不起眼的垃圾桶。如果你没有地方盛放不想要的文件，就很难变得果断起来。对于数字文件，花几分钟设置电脑垃圾箱或删除事项文件夹也是很值得的。你要保证这些垃圾回收站里的东西能保留一段时间,这样你才更有信心删除文件和清理备份。还需要指出的是,如果你使用的是 Dropbox 等云储存服务器,它们都能保留一周之内的历史文件,也就是说,你可以把文件删除,但删除之后仍然有时间恢复。

忍者的决策

整理阶段的目标就是掌握所有捕捉和收集到的新内容,不让你有信息超载的感觉。当新信息进入收件箱、大脑或其他地方以后,你能及时决策,知道这些信息是否、如何以及何时适用于当前的项目和行动。由此带来的身心禅定感能让你在工作中尽情投入更多的主动型注意力,不需要再拖延,没必要再犹疑,不用再疯狂地提醒自己已经下意识做出但还没正式确认的决定。但是,这种不慌不忙的高效虽然让你放任自由,却不会给你白白占有。我们只有像忍者那样系统、尽心、果断地决策,做好准备,才能保持平静,为自己创造必要的思考空间。

记住:思考是有史以来最难的工作。

CORD 流程图:一步一步来

现在我们要练习使用之前简单提过的 CORD 流程图,准备进入回顾阶段。

这个流程图的设计目的是随时提醒你怎样理顺这四个不同的习惯——在这个过程中,尽可能地整理好行动和其他提示是成功走完四步的关键。如果按照 CORD 的流程处理工作，不管出现什么事，任何事，我们都能把它抛到脑后，放进第二大脑，然后放在正确的位置等待处理。我们马上就会测试这个流程图，但是现在，我们先来走一遍整个决策过程。

流程图顶端是收集阶段，我们已经说过。现在我们来看整理阶段。面对收件篮里的每一项内容，我们都要问自己下面这一系列的问题。开始时，你可能觉得把流程图打印出来放在办公桌上比较显眼的地方非常有帮助，自己能够边参考边整理。如果你想要 PDF 版，可以从网站：http://www.thinkproductive.co.uk/productivity-ninja-resources/ 上下载。

如果你坚持不懈地练习这些步骤，它们会成为你的习惯，到最后你甚至会不再需要参照 129 页的这张流程图。把自己锻炼得果断一些是绝对有可能的，即便你认为自己天生就不果断——我自己就是个例子。

有值得付诸行动的吗？否

如果答案是"否"，你有三个选项：

1. 参考
2. 垃圾
3. 创意园

参考

要处理桌面上堆积的诸多文件，参考文件夹是最好的选择。如果文件不需要你付诸行动，又感觉太重要了不能扔，你就可以把它们放在参考里。一次性处理很多潜在的参考材料时，你可以一边整理一边把参考材料放在"输出"收件篮里，或者放到办公桌上指定的一个地点——把 20 个文件归档到参考文件夹里和归档两三个文件一样快，因为在不积极型注意力期间进行批量处理是非常高效的。

垃圾

不要害怕扔东西，也不要害怕一有可能就回收处理。任何以指导行动为目的的纸质文件都可以扔掉，扔之前把行动添加到主要行动清单里。比如，你可能留着整本手册来提醒自己给新供应商打电话，其实你需要的就是电话号码和网站地址。只要是在网上能找到的东西，都应该被放进回收站。如果你已经用电脑做了备份，既方便又整洁，还留着纸质文件做什么呢？你一定会惊讶能扔的东西居然有那么多。

创意园

对自己承诺要做的事一定要谨慎又谨慎。拒绝一些虽然有用或高效，但不一定需要做的事情，有助于你腾出空间去做清单上已有的或即将出现的真正重要的事情。要果断，使用创意园储存这些想法，以后再回来研究——把它们暂且放在创意园里是安全的，不会丢失。创意园可以是一个简单的清单，你想在里面放多少东西都可以。毕竟，你并没有义务做这些事。

有值得付诸行动的吗？有

好，现在确实有事要做了。下一个问题就是你需要自己动手，还是可以留给别人做——记住，你秘密委托给其他人的任务越多，你完成的工作就越多！关键是要发现潜在的可能性。

下一步该由我处理吗？否

等待清单

如果能把任务委托出去，你就可能需要"等待清单"跟进事情的进展。你应该至少每周检查一遍等待清单，催一催没有反馈的同事，了解他们是正在处理还是已经完成。当然，如果你不关心任务委托出去之后的结果，如果你100%信赖你的同事，那就没有必要再跟进了。

下一步该由我处理吗？是

接下来该你付诸行动了吗？是的，你是该登场了。高效忍者施展才能的时机到了。为了把行动记录在系统里，你现在需要考虑三个小问题。比较理想的顺序如下：

1. 下一步具体行动是什么？

根据我们之前讨论过的分类（地点、注意力水平和人），把行动写入主要行动清单。记住，如果不到几分钟就能完成，马上就做，在将其写入主要行动清单的同时执行。

2. 有与此相关的项目吗？

除了把行动写入主要行动清单，这第二个问题是为了检查是否还有项目没有被放到项目清单里。成立项目有助于你随着它的进展掌握接下来的每一个行动。在回顾阶段，你还会定期回来检查。记得把项目名称设置为一个可衡量的目标。

3. 有截止日期需要记在日历上吗？

最后，如果行动有期限，你可能需要把截止日期记在日历上。如果你用的是 Outlook 或类似的数字日历，我建议你设置"全天约会"，这样截止日期就能在当天的最上方显示了。我还用红色边框标记截止日期，以区别于其他活动。为即将到来的截止日期设置提醒，或者截止时间是"本周"，并没有具体到哪一天时，我习惯把时间定在那一周前的一个星期天。这是因为我从不用 Outlook 安排星期天的日程，所以星期天就成了我的倾倒场，装着所有我要在下周检查的全部事项，也是我制定计划的基础。另外我要提醒你一句：自己为自己规定截止日期不可能有约束力——我们潜意识里知道，即使没有按期完成任务，也不会有任何后果。

第二大脑放在哪

我应该在哪管理我的清单？

截至目前，我们已经讨论过关于第二大脑和清单的很多事情了。那么，在这些清单中，第二大脑究竟应该被放在哪里呢？你应该在哪里储存这些清单呢？或许在冰箱上？抽屉或文件夹里？笔记本里？桌面软件里？可以放的地方不胜枚举，但其实答案很简单。放在你喜欢的地方！放在你觉得舒服的地方。我的培训学员常常会看到，他们周围有很多人用的是智能手机或 iPad 上的应用。他们因为自己用纸笔管理清单而感到惭愧，很想换用高科技的手段。虽然我也很喜欢用科技管理清单，但对大部分捕捉工作来说，没有比纸笔更合适的工具了。我在下面列举了几个地点，但绝不限于这些地方，你大可以在这些参考地点以外，为你的清单找到最好的家。

纸质笔记本

如果你已经用 A4 纸大的黑皮记事本或纸质笔记本管理清单了，那么它依然是你最好的选择。但是现在，你很可能要从管理一个标准的待办事项清单过渡到和我们一样，把清单分成主要行动清单、项目清单、等待清单和创意园几个层次进行管理。有很多方法可以实现这一管理，但下面是我遇到的最好的方法，也是我们最推荐的：

用封三记录总体项目

这是因为项目每周变动都不大，所以如果你用纸质笔记本或记事本，你要知道，大多数项目持续的时间和用完笔记本需要的时间是差不多的。笔记本的封三完全可以用作主要行动清单和等待清单。为方便起见，创意园可以放在别处，比如数字参考文件里或抽屉里的纸上。如果你用的是记事本，你可以从主要行动清单上摘取事项，写到日常待办清单里去。

用前半部分收集

笔记本前面的白页可以用来收集。一定要抵制住诱惑，不要把想法直接纳入主要行动清单——面对这些想法，走一遍忍者的决策流程非常重要。在这个过程中，说"否"和说"是"的概率相同。这样做是为了让你既能有创造性的想法，也能冒出歪主意、怪点子，而后两者又不会不慎落入主要行动清单里。

如果清单变乱，就撕掉

记过笔记的纸可能需要每周或者定期撕掉一次。不管怎样，关键是要在清单变得难以控制之前把它处理掉。如果清单中大部分任务都已完成，而且上面也变得杂乱不堪，你的信心和条理感都会受到影响，并开始感到压力。如果清单上空间不足，有时你只需把没用的部分撕掉，就可以避免自己下意识再往上面加东西。主要行动清单应完全处于我们的控制之中。

Word 文档或文本文件

Word 和纸笔一样常用，很多人也习惯用 Word 创建基本清单，因为各种内容都能在页面上移来移去，非常方便。Word 还能插入表格、选择字体和字号等，能让清单更实用，更五彩缤纷、便于控制。如果你想把所有清单都放在一个文档里，可以按下面的顺序排列：

1. 日常待办清单
2. 主要行动清单
3. 等待清单
4. 项目清单
5. 创意园

你可能希望日常待办清单和主要行动清单越容易查找越好，而对其他清单的需求可能依次降低，所以这个排列顺序应该是最好的。这里需要注意的是超过一页的内容。你可以使用 Word 的分页符功能在清单之间画上实线，以防混淆。我还建议你一个页面分两三栏出来，这样主要行动清单不至于多达 10 页。

Outlook、莲花便笺和其他类似程序

我用 Outlook 已经很多年了，主要用它管理邮件、日历和联系人。我也用它做过几年主要的任务管理工具。虽然现在已经不用了，但当时放弃这个功能时还是很犹豫的：我们并没有充分利用它的任务管理功能！很多人不喜欢用 Outlook 管理任务，是因为他们没有挖掘出它的功能和灵活性。与别人合作的时候，我总是让他们给我展示一下他们在 Outlook 上管理任务的部分，我首先看到的往往都是他们开始工作时的那七件事。人们使用任务功能的初衷都是记录好每一件事，但 Outlook 是把所有事都默认记到一张清单上，所以我们很快就会发现，在一张长长的、毫无规律的清单上，重要的事情很容易丢失，继而让我们对其望而却步。想用好 Outlook 的任务功能，关键是要学会分类。例如，你可以创建以下类别：

- 办公室——主动型注意力
- 家
- 丽莎等待

你也可以使用其他分类方法把多种清单合并，比如用"#"代表地点，用"@"代表按人分类的清单。通过分类，你可以把整个清单划分成不同种类的清单，方便管理。这个方法也很适合用来创建子清单——只是要确保把最重要的清单放在最容易找到的地方。

好好思考一番，创建一套符合自己需求的清单，不要担心它不符合常规：毕竟，它是你的第二大脑。

Excel

如果你对 Excel 很熟悉，那么你可能希望用它管理清单。我见过有人用 Excel 用得非常好，他们为不同的地点或清单创建不同的表格。我也见过有人把所有信息都放在一张表上，然后使用筛选功能分别查看项目清单、主要行动清单或日常待办清单。

索引卡：HipsterPDA

以效率为主题的美国作家、演讲人默林·曼创造了"HipsterPDA"这个词，用来解释利用一沓简单的索引卡创建一系列清单的方法。这种索引卡和你在演讲中提示自己关键词的卡片差不多。有了它们，你就很容易携带、获取和管理你的清单。你可以在不同地点使用不同的索引卡。只是，它们像纸一样，你很难把上面的信息随意"大卸八块"（像使用 Outlook 那样），方便自己随需随取。但如果有的卡片被磨坏了，可以随时更换。

网页版清单应用

网页版清单应用大概是最灵活、最实用的清单管理工具。这类软件会让你受益良多。首先，它们存在的目的就是方便你管理任务列表。有些应用很好，它们自带的功能用起来很方便，你能在地点、注意力、人物等子清单之间任意转换。除了给主要行动清单分类，你还可以按照项目将这些行动再次分类，这样会方便你在同一地点管理项目清单和主要行动清单——你需要参考什么，就改变筛选条件看什么。

例如，如果我和吉姆在一起，我能把所有标着吉姆名字的任务抽出来。或者，如果我在家，而且状态良好，我可以把"家"或"主动型注意力"清单上的任务拿出来。又或者，如果我正处于回顾模式，想查验一遍所有的项目，就可以直接看项目清单。

在使用网页版应用及其手机应用和平板应用的时候，你也可以随意搜索或创建新标签，进而快速、轻松地找到所需信息。但实际上，为了让清单好上加好，越来越实用，你很可能会不断地设计和修改清单格式。这是网页版应用的一大优点，但有时也是一大缺点。我们可能会因为清单管理上的一点小改善而沾沾自喜，分散了注意力，不能安于现有的功能专心做事。好坏之间可谓差之毫厘。

手机 & 平板应用

很多人在使用网页版应用的同时也会使用相应的苹果、安卓或平板应用。所以在选择网页版应用的同时，你还应该确保这个应用在手机上也能下载，而且在手机上的功能和使用效果和在电脑屏幕上的相当。下面我列出来一些在选择应用时应该注意的问题。但其实我只有一个建议，那就是尽可能多地测试视频、用户评论、屏幕截图和产品预览。每测试一项，你对每个应用的风格、实用性和功能都会有新的认识。

选择应用时的注意事项

功能性

首先，你寻找的应用至少应该有如下功能：

- 能够添加项目（通常被称为"清单"）。
- 能够为主要行动清单创建子清单（通常被称为"标签"）。一般应用都有这个功能。
- 能够标记优先事项，如标记高优先级、中优先级和低优先级（这个方法可以用来标记优先事项，也可以用来标记主动型、积极型和不积极型注意力）。
- 能够和手机同步——有了这个功能，你还能有个额外收获：随时随地查看清单和捕捉想法。

可以有的其他功能：

- 强大的搜索功能，而且方便保存一些常用的搜索项。
- 日期和提醒功能——我很相信我的系统。它本身作为提醒就够了，不需要我按照日期制定计划。但很多人觉得有了这个功能会很方便。
- 地点／定位功能——应用程序把你定位在某一地点之后能自动弹出你在那里要完成的任务（这个功能也不是必需的，但感觉特别帅）。
- 在任何地方都能把任务添加到项目里（例如比较流行的任务管理工具 Remember the Milk 就能让你通过社交媒体、Gmail、浏览器插件等方式添加内容）。
- 能够和 Outlook 等其他程序同步（一般程序都不自带这个功能，使用的话需要付费）。
- 当你觉得这个程序不适合自己的时候，可以把里面的数据导出来。（如果你担心某些应用可能突然崩溃，里面的数据导不出来，那么有了这个功能，程序的安全性会比较高。但大家都知道，突然崩溃的情况几乎是不会发生的。）

可靠性 & 历史记录

不管你通过哪一款软件把大量信息储存到云里，你都有可能遇到因为某些技术问题而无法登录的情况。虽然这种情况发生的概率会很低——如果你把数据同步到手机，概率会更低——你还是会面临一个较小但长期存在的风险：软件在退出市场之前可能会有短暂的辉煌期。而在此之后，它将不复存在，或者处于一种无人维护、不再更新的状态。如果无法得到维护，一旦发生状况，你联系不到任何人。何况，有些信息是你能在工作中保持镇静和高产的必需品，所以要确保自己把信息都放在了可靠的地方。

看一看你选择的软件的评论，注意与可靠性有关的内容。看看大家在出现问题时对客服的表现做何评价。要确保自己找到的是在这方面有良好记录的软件，这样才能放心地把重要的数据交给它保管。评论很重要。如果你喜欢冒更多的风险，而且又不计回报，成为前几批早期采用者也是可以的。但对我们大多数人来说，最好还是用安全、有保障的软件，选择的软件开发商最好也有让人信服的成绩记录。

风格

现在市场上有些新玩家很舍得在风格上下血本。如果上面的功能它都具备了，那么注重风格也没什么不好。时尚、便捷又有趣的用户界面对技术控来说确实很有诱惑力。如果有的程序很好用，你用得自然就会多一点。如果有的软件能让清单管理成为一种乐趣，吸引你回来的次数越来越多，我也支持你使用，但应该注意，不要把外表看得比内在更重。

价格

最后的最后，我们应该考虑一下价格。原因有二。其一，在低端市场上我们能找到免费的网页版应用和免费或便宜得离谱的手机和平板应用。很多应用是完全免费的，但是不要一直优先使用免费的应用——那只是思想上的一道小小的障碍，如果有更好的应用需要花钱买，就跨过它。花一顿饭钱买个很好的手机应用，天天用，能用好几年。这点钱根本不算什么，想想你浪费在其他方面的更多的钱吧。相比之下，一个正确的应用产生的价值是巨大的。在高端市场上，有几个应用备受推崇。虽然价格不菲，但因为好用，用户根本不会考虑价格的问题。想想看，即使一个最完美的应用花费了你100英镑，你很快就能把损失弥补回来，因为它会给你带来额外收益、佣金和加薪，还会为你减少压力，这些足以抵消成本了。再对比一下你为了减少压力投资到兴趣爱好和娱乐上的钱，如果一个应用确实对你有帮助，一个月花一点钱真的不算什么。

应用选择

如果你觉得自己应该有一个专属的清单管理应用，那么应该选哪个呢？我最推荐下面这些应用。（我没有任何为这些应用代言的商业目的，只是客观地给出一些建议。特此说明，以免误会。）

Toodledo

我们 Think Productive 办公室对这款应用青睐已久。我本人也在用,而且非常喜欢。它的界面绝对算不上漂亮(特别是 iPad 版,甚至非常无聊),但是网页版界面非常好用。手机版和网页版非常同步,而且有你需要的所有功能。网页版是免费的,iPhone 版和 iPad 版也只要几英镑。Toodledo 简单实用,我们都爱用。

Todoist

Todoist 有很多追随者,在很多平台上都能使用。Think Productive 的一名高效忍者李就是 Todoist 的粉丝。它的网页版有色彩鲜明的拖放设计,手机和平板版都要比 Toodledo 好一些。它还有一系列很好的功能,比如插件功能可以让你将它整合到不同的浏览器、邮件和日历中。李的学员中经常有人在看完他展示 Todoist 的设置之后深受启发,对其赞不绝口。注册一个 Todoist 的免费账号也足以满足你所有的需求了,它的手机和平板版也是免费的,但有些高级功能可能需要每年 18 英镑或 30 美元的购买升级。

Pocket Informant

Pocket Informant 是苹果用户比较喜欢的应用之一,用起来方便灵活。它也是高效忍者马修的最爱。它的搜索功能很好用,在英国费用高一些,大概 15 英镑,在美国是 15 美元,但绝对值得拥有。Pocket Informant 能够把 Toodledo 账户上的任务同步到谷歌日历上,实现了日历和任务的完美结合。再与联网的印象笔记相结合,它完全可以成为一个多面手。个人观点是,这个应用胜过所有风格、价格与其相似的苹果专有应用。

OmniFocus

这是另一款苹果专有应用。Omni 邀请了"收件箱清零"和 43folders.com 的创始人默林·曼设计 OmniFocus。事实也证明,这款应用非常实用。它价格不菲(约 40 英镑 /80 美元),但有很多忠实的粉丝。我们可以使用其自带的功能管理周检查表和其他常用清单。这款应用设计非常巧妙,如果能在多平台上使用,我也会用。我们来自爱尔兰的高效忍者基思用的就是它。他开玩笑说价格是它的一大优势:在一款应用上花"大价钱"就如同投资,会让人不大可能再换其他应用了。

Nozbe

《高效!》(*Productive!*)杂志的创始人迈克尔·斯利温斯基(Michael Sliwinski)是 Nozbe 的创造者。他完全按照戴维·艾伦在《搞定 I:无压工作的艺术》中提出的理念体系设计了这个应用,而且所有应该免费的功能都免费。它也不是市场上最便宜的应用——每月订阅费大概 10 英镑 /15 美元,但有很多忠实的用户,值得你一试。

印象笔记

实际上,印象笔记不是专门的效率工具,它的清单管理功能(目前)也非常局限。但我见过有人按照自己的需求对印象笔记进行定制,把各种很棒的功能结合起来,使之成为非常好用的清单管理工具。印象笔记是目前市场上最好的"数字档案柜",据悉,它将在此基础上添加更多的效率元素。如果项目和行动清单的管理和很多相关参考文件的储存能在同一个程序上进行,那着实是件令人兴奋的事。我们可以期待印象笔记在未来几年做出改进。

放置清单的地点选择

这么多能选择的地方可能让你摸不着头脑：不仅有成百上千个应用，还有 Word、Excel、纸、Outlook、索引卡等数不尽的选项。如果你犹豫不决，记住两件重要的事：

1. 最好选择你正在用的，而不是你认为应该用的。如果老板鼓励你用 Outlook，或者同辈压力让你偏向于用技术解决问题，而你更喜欢用的是笔和纸，那就坚持你熟悉的或感觉用起来舒服的。

2. 最好坚持使用一个系统，而不是浪费很多时间和注意力在不同系统间换来换去。虽然两到三年换一个系统是促使自己梳理清单的好办法，但要避免花额外的时间管理清单。每多花十分钟实际上就是少工作十分钟。我们要高效行事，而不只是保持整洁那么简单，所以一定要提防自己落入这个陷阱。完美是你的敌人，"实用就够了"才应该是你的准则。

练习：忍者式决策

你需要：你选择的清单管理工具、笔记本／日历／收件篮／等待篮／发出篮、纸和数字参考系统、一个垃圾箱
用时：1~2 个小时
体现了：有备无患、身心禅定、冷静果断

整理环节旨在帮助你了解自己的项目，处理你收集到的新内容。在这次练习中，我们将使用你在收集阶段放在收件篮里的内容，重新领略忍者在日常工作中的决策艺术。

这项练习的目标就是把收件篮彻底清空。为此，你要清楚收件篮里每一项任务涉及的行动和项目，并把它们记录在清单上。

操作指南

- 选出收件篮最上方的事项。
- 按照 CORD 流程图，问自己"整理"阶段的问题，决定下一步具体行动、项目和截止日期。
- 按此方法处理收件篮里的所有事项，一次处理一个，直至收件篮空空如也（你的主要行动清单却满满当当）。

规则

规则只有几条，但都很重要：

1. 你可以骗别人，但绝不能骗自己——不要在艰难的决定面前退缩，如果这里拖延，就会有更多后续的唠叨和压力。你是忍者，无处可逃。你必须果断决策。
2. 不要对任务挑肥拣瘦。和邮件一样，一个接一个处理。从最上面的事项开始，拿出来就不要再放回去，直至把那张纸归档、扔进垃圾箱或放到任何你想放的地方去。
3. 在当时当地把可以迅速完成的任务完成。把需要归档的事项放在一起。你的工作原则是：在几分钟内完成，拿到手就处理掉，不记录到主要行动清单里。头脑中决策清晰时，最好能趁热打铁，遇到又多又长的项目，都存到清单里。

4. 此时忽略其他所有令你分心的事——关掉邮件，把手机静音后藏在包底。专注于练习时的冥思苦想，专注于养成果断的决策习惯，这才是设置这些问题的目的。

练习时长

完成练习的时间很难预测，因为每个人的条件不同，不过几乎很少有低于半个小时的。大部分人用一个小时左右就能完成。建议你拿出两个小时，这样不会太赶，而且你也应该在两个小时之内完成。但这并不是绝对的——如果你花几个小时才完成思考，那仅仅是因为需要你掌控的事情有很多；而且你能在思考过后的工作动力中受益最多。

结束练习后，你应该有：

- 空空的收件篮。
- 满满的主要行动清单，并已分成地点或注意力、人物等子清单。
- 装满纸片，或一大堆废弃报告和传单的垃圾箱。
- 新创建的项目清单、等待清单和创意园。
- 日历里可能还有一两个截止日期。

你有什么感觉

掌握所有的事项之后，你有什么感觉？很多人有非常强烈的感觉。我们一般不会花费时间做这些规划，除了遇到出门度假、完成或启动一项工作、搬家到另一座城市或春季大扫除这些大事件时。但是为什么不让自己定期感受一下那种完成感和条理感呢？CORD 高效模型和新形成的第二大脑能够帮助你养成定期恢复控制感的习惯，就算没有每天完成一次，一周也能完成一次。

你是否突然觉得干劲十足呢？知道自己具体有哪些事情需要处理，你就能感觉到一股强大的力量在支撑自己。这种能量将为你带来一段又一段高产时期，为你带来掌控一切的动力，进而帮助你形成工作动力，完成更多的工作。你大概已经看到过很多次"动力"一词，现在应该可以体会那种状态了。

你是忍者吗？

- 忍者行事非常灵活，可以消除压力，只专注于此时此刻的工作；他们的第二大脑很有条理，能在任何时间告诉他们该做什么事。
- 忍者有所准备，知道自己都有哪些工作。
- 忍者能做到身心禅定，工作中不慌不忙，非常确定自己在此时此刻不该做什么，因为他们用第二大脑吸纳最新信息，能够保证目前还没有着手的工作仍然处于控制之中。

第八章

回顾阶段

工作动力正强劲的时候，回顾阶段将不费你吹灰之力。这是因为你会有条理感和控制感，而条理感和控制感又源于你新养成的决策习惯：工作中有新内容出现或新决策需要做时可以当机立断。我们总是把这类思考——具体需要做什么——推迟到截止日期将近。届时，你背负着压力，很可能做出不明智的决定。即便最终决定是正确的，你以身试险，一定倍感焦虑。

然而，每天或每周都能掌握好信息、做好决定绝非易事。忍者的做法是不断在老板和员工模式之间快速转换。同时，他们知道在另一种模式下还有很多没分类处理的工作，永远都不会有结论。在一种模式下，你获得一些条理感，但因为还剩那么多工作没有分类，你又会面临新的压力。

还有一个更好的办法。如果这个办法是把老板模式彻底抛弃，一门心思做事固然不错，但实际上，我们需要老板，而且需要老板接受周末的领导力培训，学习一些更好的技能。我们要依靠老

> 为了更好地利用知识，我们既要统观全局，又要注意细节，还要学会寻找联系。
>
> ——彼得·德鲁克

板获得条理感，而不是寄希望于稍纵即逝的想法："啊对了，必须去做……"或者"好主意，我们开始做……"。如果你把一周内在工作中产生的琐碎想法都加起来，它们会占用我们几个小时。这些时间不会给我们带来任何好处，因为我们不能通过这些想法完成思考，获得的不是条理感，而是压力。忍者认真对待思考，而且能把思考和执行分开。

所以，像上章中提到的那样，为养成回顾习惯搭建框架，保证前后内容的一致性，我们要创建两个检查表：周检查表和日检查表。

我要说明一点，这两个表不是待办事项清单。它们只是你每天或每周对自己的思考或行为进行回顾时参照的清单。

不管是做周检查还是日检查，检查的时间就是老板模式掌控一切的时间，这就是为什么我们要用检查表——它是企业家们的一大秘密武器，从丰田（Toyota）到特易购（Tesco）都是如此。

检查表能够保证过程的一致性。在《创业必经的那些事1》（The E-Myth Revisited）中，作者迈克尔·格伯（Michael Gerber）赋予不起眼的清单奇效，他是我见过的最会利用清单的人之一。格伯举过一个例子，就是把检查表当成操作手册来管理特许经营企业，如麦当劳。

不管你觉得麦当劳的味道如何，你都不能否定它品控做得不错——莫斯科的巨无霸和伦敦、纽约或你家楼下的巨无霸都是一个味道的。这种口味的一致性是麦当劳给客户的最重要的预期结果。人们去麦当劳，是因为他们知道自己会吃到什么。想想吧，如果你在工作中的产出也这么一致和稳定——而且每天需要进行的思考和麦当劳制作汉堡和薯条一样少，效果会怎样？使用检查表的好处在于，麦当劳不需要接受过系统烹饪培训的厨师做汉堡，他们需要的只是能按照检查表做汉堡的人。当然，最初的检查表是由接受过系统烹饪培训的厨师创建的。同理，检查表也能帮助你委托任务。当你不在的时候，你能让别人分担你的工作或顶替你一会儿。检查表能够为你带来条理感，形成工作动力，同时减少产生阻力的不确定性。

你可以把回顾阶段想成老板和员工一起坐下来筹划安排工作。这是你自己对自己进行的上下级管理和监督，会议安排和思考时间合二为一。老板和员工之间进行有效沟通能够节省时间、消除错误。同样，良好的回顾习惯有利于增强条理感，减少压力，增加控制感，提升效率。

周检查表

每周留出一至两个小时专注思考的时间，就能保证我们这一周都有轻松、高产的工作动力和控制感。本章中，我将向你展示如何形成最重要的回顾工具：周检查表。它是老板模式中最宝贵的时间。你要在这段时间反思，决策，重新排列优先顺序，制定策略，预想，更新项目和行动，为下一阶段的战斗做好准备。这是你做到有备无患、小心谨慎和另辟蹊径之前最关键的时刻，而如果你没有单独拿出时间专注地思考，是断然利用不好这段时间的。我们可以利用周检查表更新主要行动清单，同时熟悉下一周清单上的内容。

日检查表

> 谨防生活碌碌而无为。
> ——苏格拉底（Socrates）

做日检查，就是在短时间内进行专注的思考——大约5分钟——为一天的活动做好准备。这也是你创建每日待办清单的时间：看一遍主要行动清单，选出当天能做的事情。如此开始新的一天是比较理想的。在邮件和其他新内容的噪音涌来之前，你能享有一丝清晰和平静。每天检查有助于我们养成高效的工作习惯。它很好地展现了我们的第二大脑具备的直觉和智慧（日检查表），以及记忆力（主要行动清单），能够帮助我们的大脑保持高效运转。想象一下，前一天晚上你没睡好，周四早晨起来天又下着雨，你的大脑是什么感觉——但愿现在你能开始意识到第二大脑为何如此必要和有效了。

不要想，尽管去做

你可能觉得我让你创建日检查表和周检查表是给你每周又增加了两个多小时的工作量。这可不是我的初衷。如果你不参照两个清单进行思考，要完成大部分思考的用时远多于此。不参照与参照唯一的不同就是，此时此刻，你不会有意识地把检查和其他工作分开，而且思考所用时间会更长，因为你必须不断地回过头来重新思考，始终不

> 简化，即删繁就简，而简者自明。
> ——汉斯·霍夫曼（Hans Hofmann）

能确定是否一切你都已了然于心。

使用周检查表和日检查表最好的一点就是能把想和做分开。每周你只需几个小时就能完成所有的思考，把剩下的时间留给执行。你的员工模式因而非常清楚都需要做什么，唯一要做的决定就是什么时间执行，而不是为什么和怎么执行。这一周剩下的时间，你只需信任你的主要行动清单，考虑自己的注意力水平，有意识地控制好全局。想想看，你不需要再思考优先事项、策略和各种可能性了：只剩下一成不变地做事。

一些人怀疑是否有必要郑重其事地做一遍周检查，但他们尝到由此获得的释然之后很快就改变了想法。使用这一程序，你就不需要在老板模式和员工模式之间来回切换了，你可以尽情去做你的工作，因为你知道自己正在用正确的方式做正确的事情，你现在行走在正确的道路上。

舍枝节，顾大局

> 独立思考仍然是最基本的行为。
> ——南希·克兰

在信息超载的世界，内容繁多又复杂。也就是说，我们几乎整天都在一线工作，对整体形势没有足够的认识，很少能做到"舍枝节，顾大局"。我把进行周检查和日检查的过程看作是跳出工作并俯视它的过程。它能给你一个高空的战略视角，而且，相信我，这个过程的作用非常强大，能让你的精神得到宣泄，心生平静。全面、深入地进行一次周检查，能够产生巨大的镇静作用。完成回顾之后，我经常感觉更轻松,更有信心,更灵活,更从容自信,更能胜任眼前的任务。就好像刚用老板模式说完加油打气的话,感觉自己欢欣鼓舞、精神焕发。每天早晨,我的第一件事就是做一次日检查,在一切让人烦躁的事情来袭之前做好心理准备,一旦它们出现,你就能满怀信心地迎难而上,灵活应对了。每周五下午做一次周检查能让你切断与工作日的联系,安心享受计划好的周末。或者,如果你选择每周一做周检查,那么在周一开始前先确定好检查时间,到了周五晚上你也能顺利开启切断模式。在接下来的练习中,我会帮你确定做周检查的最佳时间。

可行的项目管理

接下来我会介绍一下周检查的内容,其中有些是常识,属于老掉牙的项目管理内容。很多人分不清项目管理和项目规划,喜欢甚至依赖于使用项目规划软件或复杂的图表,而真正重要的其实是能在相对稳定的时间内对计划进行管理、检查和再调整,从而保证事情的灵活性,使其有利于最终结果的实现。提前进行细致的项目管理需要耗费大量精力:你要进行大量的思考和规划,往往最终又达不到预期效果。如果你曾经参与过由非常优秀、专业的项目经理主导或协调的项目,你就会知道项目管理有一种神奇的力量。进行周检查能让你像雇了一位项目经理那样出色地完成管理,又不至于把思考当作负担。

现在到了你心里那个项目经理一周登场一次的时候了。他能给你必需的严谨、自律和专业,并能帮助你主导不止一个,而是项目清单上的每一个项目。你可以使用检查表安排每一个项目接下来的具体行动，掌握每一步之间的从属或相互依赖关系，同时又不需要太多的规划。这不是传统意义上的项目管理，更像是一种项目管理式的工作方法。

所以，接下来我们就深入了解一下两种重要的回顾检查，然后，你就该开始形成自己的检查流程了。

周检查表的构成

虽然我们的周检查表可能包括按照同一顺序排列的相同主题，但每个人的检查内容都是不同的。本章末，我们将更为细致地探讨进行周检查的各个步骤，帮你形成自己的周检查表。但是现在，先介绍五个主要步骤：

1. 清空收到的所有信息
2. 更新第二大脑
3. 提前计划
4. 做好准备
5. 提出问题

我们依次来看。

1. 清空收到的所有信息

进行周检查的第一步就是确定我们还能熟练运用收集以及整理的习惯（我们在前几章讨论过）。我每周平均只有两三天的时间待在办公室，所以即便在外奔波的时候能查收邮件，能捕捉想法并整理，我也只有在回到"基地"之后才能静下心来回顾，跟上整理的节奏。进行周检查的一大好处就是，它能给你一种平衡、稳定的状态。不管周围世界变得多混乱，你很清楚自己还有单独跟进和恢复控制的时间。如果我连续几天在外奔波，事情有些失去控制，我首先会把捕捉、收集和整理阶段的事情完成，体会到足够的条理感以后再正式进入老板模式，开始回顾检查。如果还有潜藏的信息需要关注，我们就很难进入后面的回顾阶段，也很难提前打算。所以我们此时的第一步就是把所有事情整合到一起：邮件、会议笔记、忙碌的一周中新出现的唠叨和点子，和老板谈话时记下的行动和想法，或任何介于两者之间的内容。

2. 更新第二大脑

好，你已经把所有工作障碍都清除了，现在准备全身心地进入忍者水平的老板模式吧！我把下一步比作深海潜水。你就好像是潜入了第二大脑的最深处，去确定第二大脑所说的内容都将得到处理，去确定它们的正确性。这个过程就是聆听自己的过程。还有项目没有得到命名或记录吗？还有你考虑或深思熟虑是否要做，却还没放进系统进行管理的事情吗？为了让清单成为第二大脑的一部分，你要相信它们能把所有事情都记录在案。如果你察觉到有一系列项目完全没有被录入系统，那这个系统将不再是你条理感的来源，相反，它会是你的压力之源。所以第二步只能是重新定向：向前查看最近两三周的日历，向后了解接下来还有什么工作，知道自己还有哪些项目没完成，但是这周可能没给予它足够的重视——只有掌握了自己的现状，第二大脑才能"记住"所有事，你才能继续信赖它。

做周检查表上的第二部分和第三部分时，你进行的思考对这一周都至关重要。这是各个主要清单会彼此产生联系的阶段：项目清单、主要行动清单、等待清单和日历。单独使用这四个清单是可以的，但只有把它们联系起来，你才能获得信心和控制感，并产生信赖感。如果你的思考质量够高，几乎能让你什么都不想，只关注七天之内的主要行动清单和日历。你需要的全部信息都在主要行动清单里，可以每天看；任何你需要考虑的有时间限制的事情，日历都能给你支持。

3. 提前计划

在这个阶段，你需要做的就是预想下一周的情况，确保主要行动清单涵盖了所有可以启动的重要行动。记得我们说过的"下一步具体行动"这个概念吗？现在就是你为每一个准备在本周处理的项目安排新行动的时间了。为此，你要查看项目清单、主要行动清单和创意园里的每一件事，同时留意外部世界，把可能对问题处理产生影响的信息收集起来。此时我们的目的是先发制人。在接下来这一周左右的时间里，这些项目都需要有哪些新进展？这当中可能存在什么样的困难？在这个阶段还有一件重要的事情，那就是考虑哪些事情应该是优先事项，哪些应该忽略不管。

4. 做好准备

做准备就像是前一天晚上给孩子备好书包，免得早上陷入慌乱；或者是给自己准备明天中午的工作餐——我们知道做好准备的好处，但还是很少提前做准备，因为前一天晚上有更重要的事情要做。在周检查带来的平静与安详中，忍者能够为自己创造时间和空间，思考怎样完成下周的工作最省力。你必须思考下周都需要哪些东西，需要和什么人谈话，主动注意力可能在哪些时段出现。这些是非常重要的减压策略，对于不在一个地点办公的人来说尤其重要：所以，如果你经常出差或者不同的时间在不同的地点办公，这一部分就能让你彻底清除地点、事情、文件、票据等给你带来的慌乱。

5. 问好问题

做周检查的这最后一步就是为了提高谨慎度，让你重新思考"有意识的胜任"，不断地提高自己。在这一阶段，你的老板和员工模式会进行一次快速的谈话，是为了反思，也是为了准备。你能从中知道自己哪些工作做得好，以及下周哪些工作比较难做。它也能让你只关注真正重要的事。你要认真设计周检查表中的问题，并合理运用。没有这些问题，一些事情可能会在单调的生活中被逐渐遗忘。我的问题一般必须包括注意力、决断力、抵触情绪、健康和幸福等话题，但每个人都是不一样的。定期问自己一些宏观问题能够帮助你认识自己，让你不管是在提高效率还是在生活方面都更谨慎。

在接下来的练习中，我们会帮你创建属于自己的检查表。做完周检查之后的感觉畅快极了。那种幸福感来源于你自始至终的努力思考，也是因为你做了很多推迟已久或潜意识里没注意过的决策。也正因如此，这可能是你一周中最累的部分。所以，周检查结束以后，给自己一点奖励吧——这个方法很实用，你的员工模式会加倍感谢你的。毕竟，老板模式能给出这么清楚的指示是件极为难得、让人兴奋的事。现在，庆祝自己完成了一项重要的工作吧。给自己的奖励可以简单一些，比如去公园散步，喝下午茶时配一块蛋糕，半个小时的休息和放松，听一些新音乐，做任何你喜欢的事情都可以。你选择什么样的奖励不重要，重要的是你有了乐观的思想状态，知道了获得条理感和控制感的重要性，当然还有它们有时来之不易的事实。

应该在何时做周检查

> 如果不分心，独处正是思考的环境。
> ——南希·克兰

你可能已经意识到了，周检查是提高效率的一个重要因素。坚持做好周检查是知识型工作成功的关键。那么，你怎样做才有可能坚持住这个重要的习惯呢？什么时间做最好，最有可能从头做到尾呢？其实，对于回顾，不存在一个普遍适用的具体时间，但有几条可以遵循的基本原则。

时间和注意力

一周找出一次机会，安排两个小时。在此期间，你最好具备主动型注意力，而且精力充沛。如果那段时间你的注意力水平远不是主动型的，也没有十分想做周检查，那就不要强迫自己做完，可以过两天再做。

空间

除了时间充足、注意力足够集中以外，你还需要空间。找一个可以把纸都摊开的地方,但更重要的是那里不太会有打断自己、让自己分心或其他影响注意力的事情发生。很多整天待在办公室的人可以不在办公室做周检查。其他楼层的会议室、咖啡店或家里都可以成为备选。周检查做得好会让你感觉周围世界都安静了,你能借此补上之前的遗漏。想象一下,从此你就有能力把所有妨碍自己的事情都剔除了。

养成习惯

最后一个需要考虑的因素就是把周检查变成一种习惯,定期去做。让自己每周都有固定的"检查时间",并让它从一件需要你考虑的事变成一项惯例,一个传统。时间一长,你甚至都不会再考虑它的必要性。你只需要去做。

我个人的经验是:

- 周一不行。周一上午想要占用我一点注意力的人实在太多了。到午饭时间我已经进入"心流"状态,很难在中途停下来。
- 办公室不行。做周检查那天如果不是我一个人在办公室或很多人不在办公室,我无法保证能为我的注意力竖起适当的防护墙。
- 我爱火车。在长途火车上获得的心理和实际空间为回顾创造了最好的条件。我经常出差,但也定期坐火车去看阿斯顿维拉足球俱乐部的比赛。我住在布莱顿,坐火车从布莱顿到伯明翰的旅途是我默认的回顾时间。这段时间足够长,我能做完周检查(至少有两个小时不会有人打断我,而且中途我会换乘地铁穿过伦敦,"换个口味"也是种不错的体验)。

- 周五很不错。如果阿斯顿维拉没有比赛，我喜欢周五早晨在家做周检查。周五那天，我早晨会比中午精力旺盛。如果午饭前我能做完，而且在回顾清单时发现了需要跟进的事情和需要交代的行动，我会把这些内容在所有人回家过周末之前全部发到他们各自的邮箱里。
- 清晨也很好。比别人早到办公室一个小时，或者上午在家，在没有外界噪音的情况下保持专注也是完成周检查的好方法。

日检查表的构成

如果做周检查是思想上的深海潜水，目的是确保自己的系统和大脑协同一致，那么日检查就是用脚趾点水，为的是测试水温。日检查是非常短暂的过程，可以帮助你开启新的一天。但它不是每天的必修课：如果有一天你不在办公室，或者做的事情比平常特殊，也不一定非要做日检查。但如果你打算这一天基本用来完成主要行动清单上的事项，那么日检查就会为你增添不少动力。

5个问题，5分钟

日检查表包括5个自问的问题。回答这5个问题需要的时间一共不会超过5分钟。

1. 日历：今天我的日历里有什么？未来几天之内有什么事情快到截止日期了吗？
2. 大石头：今天做完哪些任务才算圆满呢？一天之后能把哪些任务划去呢？有没有两三块"大石头"需要我额外关注，需要我翻起来看看底下有什么？

3. **抵触情绪**：在这些任务中，我最有可能不愿意做哪个？为什么？（发现这样的任务之后，把它挪到今日清单里的第一项，在你头脑清醒的时候完成它。一天中最难做的事情都做完了，接下来就轻松多了。）关于大石头和抵触情绪，我们到下一章再细说。

4. **注意力管理**：在这些任务中，哪项任务需要我高度集中，投入主动型注意力？哪些可以在不积极型注意力期间完成？（用这个问题决定你今天的日程框架。）

5. **依赖性**：我选择要做的这些事需要什么特定的时间、人或资源才能完成吗？（换句话说，完成这些任务的时候有什么是必不可少的吗？）

这个短暂的过程结束以后，你就可以创建日常待办清单了。你可以在主要行动清单上标出"今日待办事项"，然后设置软件视图，让自己今天只看这些事项。你还可以单独创建这份清单或写到便签上——如果你觉得这样做可以让自己更注意这里的话。或许，你还希望能在做日检查的同时敲定这一天在什么时间或以什么频率处理邮件，并完成捕捉收集和整理阶段的活动，这样你就能知道一天之内有多长时间是处于工作模式了。时间、注意力、优先事项、策略和注意事项——只思考短短 5 分钟，你就能确定一切。

回顾阶段的重要性

想跳过整个回顾阶段、摆脱这个习惯简直易如反掌：到办公室以后，第一件事是立即打开邮箱，径直去看别人的优先事项，而不是做日检查，考虑自己的优先事项。同样，如果有一大堆东西需要在五点前离开你的办公桌，你面临着提交任务的压力，那么周检查的优先地位也很可能不保。永远都不要认为回顾阶段是浪费时间或额外的压力。它能为你节省时间，减少压力，帮你管理注意力，把你的整个工作变成在蛋糕上摆樱桃。回顾是必不可少的，是有价值的。你投入回顾的时间一定会有回报。

保存检查表的位置

此次练习的主要内容是从以上周检查表的五个部分中挑选适合自己的建议。但在那之前，我们先想一想该把检查表放在哪儿。下面有几个选择：

- 待办事项应用——我们介绍过的一些待办事项应用，如 OmniFocus 或 Nozbe，有专门的回顾用检查表。你也可以在很多应用里通过设置重复的任务做模拟检查，但这样做的时候，你一定要有意识地走一遍周检查的流程——你可能会按照自己的顺序检查，一项项画钩。
- 如果记在纸上，你可以使用笔记本的封二。
- Word 或类似的工具。这是个很好的选择。你可以每周都打印出一张检查表，然后在上面一个个打钩。
- 你存放数字参考资料的地方（印象笔记、OneNote、Outlook 等）。同样，你可以每周打印一次检查表，也可以和其他检查表一起参照使用。

我自己用的是 Word，每 10 周左右打印出一摞空白的周检查表，然后放在电脑包里，走到哪儿带到哪儿。这样，无论何时何地，只要我想要进入回顾模式，就能随手拿一张打印好的周检查表。我把日检查表等其他清单放在 Outlook 和印象笔记里了。你的周检查表不一定要很复杂、很全面。在下面的练习中，你的任务是选出你认为重要的内容，不一定全部照搬照抄。

时间久了，你也可以改进自己的检查表，在里面新添更多有创造性的问题，或删除一些没有当初想的那样必要或有用的部分。我比较喜欢每 3 到 6 周重新检查和修改一下我的检查表，因为工作和生活都会发生变化。没有比检查自己的检查时间更奇怪的事了，但偶尔做一次还是很有必要的。

练习：创建周检查表

你需要：老板模式下的主动型注意力
用时：1 个小时
体现了：善用武器、有备无患

下面是周检查表上的五个步骤，最后我还提供了一些建议，供你创建自己的检查表。你还可以登录 http://www.ThinkProductive.co.uk/productivity-ninja-resources/ 下载周和日检查表。选择你认为每周检查时应该注意的内容，设计自己的检查表。做完之后，建议你把最终的检查表转换成 Word 文档或输入日历。

再说一遍，你不一定需要我在这里为你提供的所有建议，检查表能满足自己的需要就好，不要画蛇添足。

我的周检查表上的五步

第一步：清空收到的所有信息

- **收集：**

便笺、内部文件（检查办公桌、抽屉、包或任何需要收集信息的地方）。

会议笔记。

皮夹／钱包／包里的收据？把它们放进收件篮。

其他东西？放进收件篮。

- **捕捉创意、想法、唠叨、担忧及其他。想一想：**

上周都发生了什么？

我一直在忙什么？

我心里都惦记着什么项目，为什么？

和老板的谈话。

和同事的谈话。

和客户／顾客／股东的谈话。

任何需要我处理的家事或私事。

- **整理。清零，走一遍忍者的决策程序，把新行动录入主要项目清单。确定要清零的有：**

邮件。

纸质笔记本。

语音信箱。

收件篮。

社交媒体中的私聊信息。

其他新内容。

第二步：更新第二大脑

- **日历／日记：**

在日历上浏览一遍最近两周的约会——有后续问题需要处理吗？

在日历上浏览一遍未来三周的内容——有新行动吗？

如果我有纸质日历，我会确保所有约会在它和我的 Outlook 日历上都有记录。

如果办公室墙上有团队共用的规划表，也要和其他应用一起更新内容。

在日记上提前计划，寻找初始话题或需要提前做的旅行计划，如订机票、火车票等。

- **主要行动清单：**

找出已完成的事项并划掉。

阅读并完全明确列表上的每一项活动。

- **等待清单：**

等待清单上有不需要再等并能转移的事项吗？

花一两分钟编辑邮件并迅速发出，追一追现在变得紧急的事项。

把要花更长时间跟进和提醒的事项添加到主要行动清单里。

- **项目清单：**

有已经完成或不需要再继续的项目吗？

有新项目要添加进来吗？

我还有项目记录在别处吗（比如团队项目计划）？如果有，把它们添加到我的项目清单里，把所有项目都记在一个地方。

第三步：提前计划

- **项目清单：**

依次浏览一遍所有项目，确保我已经在主要项目清单里添加了新的具体行动，至少主要行动清单里的每一个项目都应该新增加一个行动。

在战略层面上考虑每一个项目。还需要做什么？

- **主要行动清单：**

确定下周的主要活动领域。

考虑最重要的优先事项有哪些。

下周把哪些事项划掉才算成功？

在日历上设置提醒或者标出优先级高的任务。

哪些事项最能威胁到我的主动型注意力？在日记本上安排处理这些事项的具体日期。

- **创意园：**

经过重新考虑，创意园里的事项有现在可以做的吗？

有什么新创意可以放到创意园吗？

- **周围世界：**

查看这一周的行业新闻或国际通讯，看有没有什么活动或机会。

有什么有趣的事可以记录一下或努力尝试吗？

有什么假期或宗教节日能够带来机会或可能影响行程吗？

第四步：做好准备

- **打包和准备：**
下周我都需要什么文件？现在就打印出来。
我需要为接下来的会议准备什么文件？
我需要准备什么阅读资料？
出差需要订票吗？如果票已经订好，放在办公室里，找出来放在包、皮夹或钱包里。现在能在网上办理值机吗？我能查查火车时刻表然后简单地记下来吗？

- **人物：**
我需要和谁谈一谈，让他们为下周的事情做好准备吗？
快速发几封邮件，跟其他人确认下周的会议时间或了解更多信息。
还有人（老板、助理、同事）需要进一步知道我下周的行程吗？

- **注意力管理：**
什么时间我的主动型注意力最集中？
什么时间我比较容易累、有压力或者状态不佳？
现在做什么能有助于我度过那段时间或减少阻力？

第五步：提出问题

- **专注：**
我的主要行动清单里有什么事情比较复杂或者耗时比较长，最好分解成小块再处理？

清单上有什么事情是持续了几周的？我是否需要重新划分类别，让事情变得明朗一些？

- **决断力：**

在主要行动清单里选三件事删除，标准很简单：它们对整个任务来说无关紧要。我会让相关人等都知道我这么做了（还有我这么做的原因）。

在主要行动清单里删除三件其他人也很容易就能完成的事情。

- **抵触情绪：**

有什么事情我比较抵触吗？

它们为什么有挑战性？

什么能给我我需要的工作动力？

我能抄近路或者为达目的中途改变规则吗？（不管黑猫白猫，能抓住老鼠的就是好猫。）

能让我前进的最小一步是什么？只承诺做那件事会怎样？

- **健康 & 健身：**

我吃得好吗？

我喝的水够多吗？

我锻炼的量够不够？如果不够，下周怎么把健身安排到常规活动里去呢？

我是否考虑过或者确定了在什么时间完全不管工作？

下周什么时间最有利于我这样做？我怎样才能保证自己彻底切断与工作的联系？

我在身体和精神上感觉如何？有需要我考虑的问题或事情吗？

- **关系：**
  我和家人、朋友在一起的时间足够多吗？
  和他们在一起时我快乐吗？如果不快乐，这周我该怎么做才能改善这种状况？

- **兴趣爱好：**
  我有时间做我喜欢做的事吗？
  下周我要做点什么？

- **幸福：**
  至少在大部分时间里，我快乐吗？
  现在什么会让我比较快乐？在这里，我要倾听我自己的心声。

  恭喜你，现在你做完了第一周的周检查。在做完这项练习之后，我们的学员经常会遇到一个问题：检查表上有没有什么内容非常重要，我们一定要完成？我认为很多内容都是重要的，你在创建自己的检查表之前，一定要确保它包括以下这些内容：

1. 每个收集点都应该清零。在这个过程中按忍者的标准做决策，把新行动录入主要行动清单。
2. 依次浏览一遍全部项目。确保每个项目在主要行动清单里都至少新增一个行动。
3. 主要行动清单上的每个行动都要细看，明确行动内容。
4. 看一看未来三周的日历，有没有新行动？

还有很多内容是我认为必不可少的，但是以上四项是普遍适用的，每个人都应该纳入自己的周检查表里。

练习：创建日检查表

你需要：老板模式下的主动型注意力
用时：20 分钟
体现了：善用武器、有备无患

同样，从下面这些内容中选出最适合你的，创建一个日检查表。如果每个工作日开始时，你都有习惯做的事，尽管把那些问题或主题加到检查表里。但有一件事要注意：把日检查当作思考和规划，所以尽量不要把"处理邮件"放进日检查表。如果你在早晨 9 点做日检查，可以 9:05 开始处理邮件！别慌！

- **日历：**
  今天日历上有什么？未来三至五天内有哪些事项要截止了？还有行程需要查看吗？纸质日记本上有吗？

- **大石头：**
  今天完成哪些任务才算圆满呢？
  我想划去哪些任务？
  有哪些大石头需要我注意并翻起来看看底下有什么？

- **抵触情绪：**
  在这些任务当中，我最有可能不想做哪个？为什么？

- **注意力管理：**

  在这些任务当中，哪个最需要我集中精力，投入主动型注意力？哪些可以在不积极型注意力期间完成？

- **依赖性：**

  我选择做的这些事需要什么特定的时间、人才或资源才能完成吗？

你是忍者吗？

- 忍者使用神秘莫测的技巧，为回顾创造空间和思考时间。
- 周检查表和日检查表能够定期为你创造机会，帮助你保持灵活并重新思考自己的优先事项。
- 回顾有助于你变得更易于自省，让你更能做好准备，更有可能实现身心禅定。

第九章

执行阶段

> 一个人富有效率、发挥潜能,才能实现自我。
>
> ——约翰·沃尔夫冈·冯·歌德(Johann Wolfgang von Goethe)

到目前为止,事情开始变得有趣起来。还记得在本书一开始我说过的在糕点上摆樱桃的工人吗?完成老板模式的那部分工作以后,不管你需要做什么,不管它有多复杂,这些事做起来都会像坐在工厂里往糕点上摆樱桃一样简单。

你把所有事情都收集起来了,经过整理,做过周检查和早上的日检查,完成了回顾。现在的你已经完全做好准备。一切各就各位。从现在开始,你要做的就是形成工作动力,让做这个阶段能有多省力就有多省力,体验从未有过的高效。

完成思考这部分最难的工作以后,接下来要做的决策与其说是战略层面的,不如说是技术层面的。你已经明确了要做什么,剩下的唯一工作就是参照日常待办清单(一天之初在主要行动清单里选择的事项),决定完成各种任务的顺序,按照自己的时间、注意力和事情的重要性制定计划。

执行阶段的妙处

进入执行阶段以后,一切得心应手的感觉都非常好,因为你体验到了轻松高产的工作动力和控制感。你之所以有这样的满足感,一部分是因为现在的工作非常简单。在做事阶段,你根本不需要怎么接触和管理信息。

员工忍者的仪表盘

- 主要行动清单或每日待办清单
- 日历

> 一切认真的行动都是从内开始的。
>
> ——尤多拉·韦尔蒂
> (Eudora Welty)

老板忍者的仪表盘

- 主要行动清单
- 日历
- 项目清单
- 等待清单
- 创意园

把大部分老板模式下的工作都抛开之后,你就能全身心地投入一两个领域当中去了。如果有必要,你可以参考日历或日记本,但你的大部分时间和注意力都将被用来完成主要行动清单里的事情。此时此刻,一曲铿锵的旋律出现了:选择任务,完成任务,选择任务,完成任务。由此可知,你在这个阶段不需要怎么思考,外界的阻力和你内心的抵触情绪也很少。

执行的习惯

我所说的"执行的习惯"包括三大方面，它们能为你带来轻松高效的工作动力和控制感：

1. 注意力管理
2. 决策原则
3. 执行技巧

注意力管理方法

区分不同类型注意力

当你意识到要比时间管理更进一步，意识到要去管理进而充分利用自己的主动型和积极型注意力，就是向前迈出了一大步。高效忍者经常自我反省：我感觉还好吗？感到累之前，我能用点计策多争取一些主动型注意力吗？我需要休息吗？怎么做才能恢复状态？很少有人能意识到这一点，以至于这影响到了他们的日程安排。你应该足够了解自己每天的注意力动态，根据自己的注意力变化确定工作节奏，在一天中不同的时间段安排不同难度的工作。要想把事情完成，时间可以花，但注意力就需要"买"了。对于容易的工作，你可以允许自己处在不积极型注意力的低谷时处理，但要啃一些硬骨头，只有投入主动型注意力才能得到理想的结果。在考虑优先事项之前，你一定要先按照注意力水平做好战术规划。

保护注意力不被打断

记住，主动型注意力是你最宝贵的财富。打断你的事和可能让你分心的事会像秃鹰一样盘旋在你周围，想把你变成它们的猎物。控制住自己。坚决和果断会帮助你保护自己的注意力资源。

自我认知和机敏灵活

机敏灵活是忍者的一大特质。对他们而言，每天下午 1 点的计划可能和上午 9 点的截然不同。主要行动清单上有那么棒的信息可以随时获取，想改变计划很容易，你只需要重新给事情排序，随机应变。处于执行阶段时，你唯一要做的就是主要行动清单上的事情，所以完全能够对周围的变化保持警惕和灵活。你可以对新内容迅速做出反应，同时又能确定这样做的结果（因为你知道什么完不成，什么能完成）。你还可以兼顾自己的注意力水平。如果你哪天状态非常好，或者状态消退得比想象中要快，你都可以根据注意力情况改变计划。但如此机敏灵活同样不是免费的：只有投入足够的时间进行捕捉收集、整理和回顾，你才能为自己赢得这样的灵活性。

把准备成本降到最低

进行一项新活动时，不管是发邮件、写报告、办理网上银行业务、进行创造性思考还是参加会议，你在时间和注意力方面都要付出高昂的准备成本。就邮件而言，你要启动 Outlook，等待程序下载，等它和服务器同步，然后才能打开邮件。如果是接着写上次没写完的报告，你需要把忘记的部分再看一遍，重新梳理一下思路。想办理网上银行业务，在执行任何任务之前，你都要输入密码和口令。所有这些都是执行的准备成本。成本有两重：你不仅要投入时间，还要投入注意力和精力。有一个很好的办法能够把设置所用的时间和注意力降到最低，那就是设置大块任务，而非分解过细（比如写报告时一气呵成，而不是分几天写完）。不过，即使我很清楚这一点，我在很长时间内还是每个月只拿出一天来写这本书。这样一来，6个月之后，我还是需要一段准备时间才能完全沉浸到写作中（就这本书来说，每次的准备时间都要花上几个小时），所以我决定拿出一个月的时间专门用来写作。前两天，我只能写出十来个字，但做了很多有意义的思考。到了第三天，一切就都进入状态了。

混合搭配

令人分心的事随时都会出现。不要只是因为无聊就怂恿自己分心。给自己一些变化，保证每天、每周都有新鲜感。如果周一留给自己做独立思考，周二就去见一些有趣的人，畅谈有趣的话题。周三可以外出，但周四一定要回过头来专心管理，把收件篮清零。变化是生活的调味剂。如果你看自己的主要行动清单时只看到了无聊和单一，那么这就是一个危险信号：你可能需要换工作了。如果漫漫余生，你能偏安于无聊的工作，那你或许就不需要这本书了。

实干者的决策原则

这些年，我还用过其他很多有名的效率工具。下面我简单介绍几个我最喜欢的。你当然不可能每个都喜欢，但如果有一个刚好适合你的口味，就试试吧。

帕累托法则

维尔弗雷多·帕累托（Vilfredo Pareto）是一位意大利经济学家。他在自己的花园里散步时注意到，有80%的豌豆苗是从20%的苗床里发出来的。身为一名优秀的经济学家，他没有忽略这么有意思的现象，而是猜想能否从世界经济的角度衍生出一条法则。帕累托法则能够提醒我们，不是所有行动都有相同的价值。有些事情完成后能够产生持久而深远的影响，但其他事情可能完成后就会被遗忘。开会就是一个很好的例子：与会者可能会用50分钟完成80%的讨论，最后留出10分钟明确任务、理顺思路、敲定行动。结果，最后这10分钟会被牢记两个月之久，而之前发生的事则会被遗忘。

几年前，我用了10张A4纸"纸上谈兵"，创办了一个慈善组织。我那时在伯明翰大学做学生志愿活动经理，在休假期间，我去乌干达参加了一个艾滋病教育项目。在返回伯明翰时，我们做了一张海报，复印了10张，贴在校园里。海报介绍了有关艾滋病的各种情况与现状，非常有号召力。我们呼吁志愿者们在暑假期间去乌干达帮助一些主要的慈善组织共同抗击艾滋病。大约有80个人来到我们预定的会议室，希望能够提供帮助。他们到了以后，我大概用10分钟慷慨激昂地向他们讲述了我在乌干达的所见所闻：一个因为信息匮乏而被病毒蹂躏的国家，教育系统、宗教力量和社会团体对禁忌话题的抵制。好消息是，乌干达有一些资源不足但很有创造性的慈善组织正在竭尽全力解决这些问题。很多学生听得很认真，等着了解这次志愿活动的具体安排：如何去往乌干达，以及他们要募捐多少钱才能动身，等等。但是，我告诉他们，我们什么都没准备。这件事要靠他们才能完成。听到这里，就有一半的人起身离开了。

但实际上，那是一个重要的时刻！还有40人左右坐在原位，他们相互对视，看了看离开的人，然后又转过头来看着我。就在此时，我们有了共同的认识：这群人很有可能成功。他们能从零开始，一定可以做到这件事。果不其然，大约有20个学生参与创办了一个名叫"Intervol"的慈善组织，在那个夏天飞去了乌干达。这个组织一直持续到今天。现在，他们每年都会把100名学生送到十几个发展中国家，同时为这些志愿者提供技能培训，用热情感染他们，给他们力量。他们还深入其他高校，帮助外校学生创办类似的组织。而在整个过程中，我只做了一张海报。有时，最微小的行动也能带来巨大的影响力。每张纸都代表着一个可能创造无限价值的绝佳机会。

这条法则反向应用也同样正确。我们很容易就会陷入那80%的低价值活动中。我们心目中的很多工作只不过是无意义的反复，比如把字体从10磅换到12磅，或苛求完美。甚至有些"工作"就是给水壶续水，等Windows下载更新或者接推销员的骚扰电话。他们很机智，往往能够隐藏要卖东西的事实，和你周旋好一阵子。这些活动不会带来真正的价值，你一定要尽快摆脱它们。

帕金森定律

帕金森定律（Parkinson's Law）表明，只要还有时间，工作就会膨胀，直至占用所有的时间。简言之，就是我们很少能以最快的速度工作。设想一下你正在写一篇文章，比如报告，或者回想一下你在大学里写的论文。当你意识到截止日期将近时，你打字的速度就会变得快一些，你的思维也会变快。紧迫感虽然可能提高出错的概率，但能从根本上提高效率。如果你想着自己有一周的时间完成三篇论文，那就真的会用上一周。但这三篇论文很可能都是在你期中假期的最后一天晚上完成的。所以，即使你只有一天的时间，也能把它们完成。工作会根据时间的多少膨胀和收缩。等到下次有两个小时写报告的时候，你应该考虑的是，即使只有一个小时也能完成。20%那部分最重要的内容，也就是有80%影响力的那部分内容，很可能在一个小时内就被你轻松搞定。很多方面的事实都能证明，你越不要求自己做完美主义者，越能把效率提高到自己意想不到的水平。

帕金森定律也能很好地说明第二大脑为什么这么有用——每日待办清单（从主要行动清单衍生而来）和定期进行的日检查和周检查都能帮助我们保持专注，把思绪游离的可能降到最低。

侯世达定律

完美是一种危险的疾病。我们做的很多事情可能到头来连做的必要都没有（想想帕累托定律），也可能根本用不上规定的时间就能做完（想想帕金森定律）。侯世达定律（Hofstadter's law）指出，做事要花费的时间要比你的预期长两倍，即使你在预期中已经考虑过本定律的影响。醒一醒，闻闻卡布奇诺的香味。你做的每件事可能都需要你比预期更努力。

综上所述,你可以使用侯世达定律提醒自己少做承诺,使用帕金森定律鼓励自己勇于改变,明确界限或时间限制,最后使用帕累托法则给事情划重点。人生很短暂。

大石头

在《高效能人士的七个习惯》(The Seven Habits of Highly Effective People)一书中,史蒂芬·柯维(Stephen Covey)讲了一个他多年以前听到的故事。课堂上,一名老师从桌子下拿出一个大广口瓶和一些大石头。他把大石头放进广口瓶,拧上瓶盖,然后问学生:"现在瓶子满了吗?""当然,"学生们回答,"您刚在里面装满了大石头。"老师又从桌下拿出一袋小石子。他打开盖子,把小石子撒在大石头周围。现在广口瓶里全是大石头和小石子。"现在呢?"老师问,"瓶子满了吗?"有几个学生说满了,还有几个学生觉得老师可能还在桌子下面藏了什么。果然,老师又拿出一桶沙子,倒在大石头和小石子的缝隙里。最后,瓶子里虽然装满了大石头、小石子和沙子,老师又把水倒了进去,一直倒到瓶口。

老师接着问学生,这堂课讲的是什么。它能告诉我们哪些管理时间的道理?一个学生举手说,这意味着日程虽然看似很满,但还是能把更多的事塞进去。老师回答说,也可以这么理解,但它讲的其实是,如果你希望把大石头都放进瓶子里,就应该先放它们。

我们每天的注意力几乎都被小石子、沙子和水占用了。邮件和信息输入只不过是小石子。而大石头是主要行动清单里的事情。要完成它们,我们必须投入主动型注意力和大量的精力,可能还要展开尴尬的谈话,处理大量难办的事情。大石头才是我们应该优先安排的。用"我今天的大石头有哪些?"这个问题开始新的一天,然后果断地把注意力放在大石头上,特别是具备主动型和积极型注意力时。让小石子、沙子和水分散到大石头周围,不要一整天只往瓶子里倒水。

推送

> 能上市才是真行家。
> ——史蒂夫·乔布斯
> (Steve Jobs)

在《企业骨干》一书中,赛斯·高汀讨论了"推送"(ship)这个概念——不管你做的是什么,只有被目标群体使用,它才有价值。对所有商品而言,完成的目的就是推给客户。我们都有能力推送。近些年来,传统意义上的推送——运送——已经从大型邮购公司特有的行为变成我们每个人都有能力、有机会参与和体验的活动了:易趣(eBay)、Etsy和亚马逊(Amazon)等众多平台为我们打开了新世界的大门。我们每个人都有机会成为小企业家,知道把商品打包、写感谢信、把商品和感谢信一起寄给客户是什么感觉。如今,建网站、制作电子书、设计个性化的T恤、作曲、录唱片、录电视节目、组织活动等对普通人来说都已成为可能,而且门槛极低。而这些事情对我们的祖父母来说都需要一些中间人的事先运作:出版商、制造商、唱片公司和电视台负责人,等等。现在就无所谓了,没有他们,我们也能把我们的内容推送出去。

所以,现在选择权在你手里:是坐等批准还是动手推送?是整天坐在那里,让手里的东西一点点趋于完美(到完美为止,你的产出还没有被任何人使用过）还是立即将其推给客户？总体来说，后者是非常好的思维模式。我们不应该只在乎动手做的过程，还应该把精力放在回答问题上："产品完成以后应该达到什么样的效果？"有时我们因为一件产品能有很大的改进而得意忘形，以至于忘了最终目标其实是将其推出，使其上市。最后推送的这个阶段常常被忽略。即使你只是在写一篇报告，多想想这个过程也有助于你更有信心地把它推送出去，甚至会帮你在客户服务方面想出新的创意。

在最后阶段，我们经常产生一种抵触情绪，不想就这么把事情完成——我们担心其他人会怎么评价我们的工作，担心自己是不是在某一方面犯了蠢。我们担心的是它完不完美，而不是它能不能产生理想的效果。我们深陷于自我怀疑之中。在没有人帮忙推送的情况下，我们倾向于给自己两种最简单的选择：要么彻底放弃这个项目，要么使用拖延策略。其实，你做多少没关系，最终重要的是你向外界传递了多少。

具体执行技巧

单线工作

> 行动胜于雄辩。
>
> ——威廉·莎士比亚
> （William Shakespeare）

传统的"时间管理方法"一直在倡导进行"多任务处理"（multitasking），我很想知道，还有比这更恶劣的发明吗？很多知识型工作者也一直视"同时处理多项任务"为最高级的勋章。如果能把事情完成,你很棒。但如果你能同时处理多项任务,至少同时做两件事,大家就会觉得你效率更高。这真是大错特错。我们首先要明确,人们口中的"同时处理多项任务"究竟是什么意思。它是指同时兼顾两个或多个行动。在这个过程中,你的大脑要先关注一件事,将这件事向前推进一点后再转移到另一件事上,做出相应的反应,然后再转移回来,再把第一件事向前推进一点,接着再转移到第三件事上去,诸如此类。如果按这种方式管理注意力——更确切地说是掉进按这种方式使用注意力的陷阱里——我们就会花费大量的精力和注意力,思想准备成本非常高昂("我刚才做到哪了?"),无法单刀直入,直接去执行和完成。如果有人告诉你他们很擅长同时处理多项任务,其实他们是在说,自己做事时无法做到专心致志。

培训班里曾经有一位学员非常反对我说的这一点。她是典型的喜欢同时处理多项任务的职场人士,而且酷爱以此标榜自己。我走到她桌前,让她给我看看她的邮件。她的收件箱满满当当,公司里没有几个人能超过她。电脑屏幕上一共有九个窗口,每个窗口都是一封未完成的邮件。她看看我,笑了。

比"多任务处理"更好的做法是"一次处理一项任务",即"单线工作"(monotasking)。它一度是最不流行的商业术语之一,但应该得到赞美。让我们举杯庆祝单线工作吧——这种做一件事就做到自然结束,中间没有任何中断的艺术。做到这一点以后,你才能开始做另一件事。一旦开始做,就要一鼓作气,直至完成。是的,完不成一件事就不能开始另一件事。一以贯之地一次处理一项任务,像是在糕点上摆樱桃。你能感觉到自己在工作中变得更专注了,而且更投入,更平静,更能从容应对周围的一切。纵使周围报警不停，噪音不断，慌乱不止，压力不减，你始终都能把自己封锁在一种密闭空间里，安静地尽忍者最大的努力，一次只做一件事。

在很多我合作过的大公司里，同时处理多项任务都近乎一种默认的思维模式和风气。与其说这是企业精心策划的结果，不如说这是节奏混乱造成的——只不过，它已演变成一种技术形式和知识型工作的主要特点。你可能已经意识到了，你的工作环境充满打扰和噪音：有压力，有挑战性，私密性低，节奏狂乱得让人崩溃。要想改变这一点，你能做的微乎其微。但是有一点你应该认识到：想在主动型注意力期间出色地完成工作，你可能需要换个地方。我始终不能理解为什么有些老板很排斥这个想法，或许是因为提出可能提高效率、减少压力的想法在某种程度上就代表对现有工作环境不满。或者更糟糕的是，他们得能相信你确实可以提效减压。如果你有这样的老板，我同情你。这个时候，你可能需要发挥忍者神秘莫测的特长，找机会"打破规则"。比如，为了更好地工作或处理积压的事务，你可以溜进会议室，给自己创造一点安静的思考时间。

持续捕捉

出于种种原因，我们很难做到一次只处理一项任务。其中一个原因就是我们的注意力经常不知不觉地跑偏。当我们坐下来，准备只处理一项重要或有价值的任务时，唠叨、想法和其他行动就会出现在脑海里。我们经常禁不住诱惑，转而去检查邮件或向外界的干扰投降。是的，我们的大脑在试图让我们同时处理多项任务！这也就是为什么我们要把可能有用的想法收集起来，即便有些想法到最后并没有那么有帮助。捕捉这些想法，把它们放到忍者的系统里。这样做有助于我们把全部注意力集中到正在处理的事情上，因为这中间我们没有更换项目，大脑并没有深入另一件事，整个流程也就没有中断得太严重。如此说来，收集阶段还成了"一次处理一项任务"这门艺术重要的支撑。如果你正在用 Word 文档工作，捕捉想法时就可以用手机或纸，没必要改变屏幕上的视图。你自己也可以做些实验，找出最快、最容易、最没有阻力的捕捉途径。捕捉想法不仅本身是一种有意义的行为（因为这些想法可能发挥其潜在价值），还是一种对注意力的矫正。它能把你的注意力迅速拉回手头这一项任务上。

番茄工作法

20 世纪 80 年代，还是大学生的弗朗西斯科·西里洛（Francesco Cirillo）发明了番茄工作法（pomodoro technique）。这个名称源于一种番茄形状的厨房计时器，市面上可以买到。从本质上说，它就是一种管理注意力和专注力的工具。番茄工作法的核心原理是两个极其简单但非常有用的观察结果。首先，一天之中，短时间的注意力（25 分钟）加上短时间的休息（5 分钟）是保护主动型注意力最好的办法。其次，把一天分成若干个 25 分钟，然后使用计时器，在剩下这一天里不断设置闹钟提醒自己。用倒计时的方式设置提醒，让时间从 25 分钟开始倒数到 0，不要不计时间地埋头往前冲，想什么时候停就什么时候停。把较大的任务分解成小块是一种很好的方法。你能通过这种方式保持重要的专注力，抵制各种干扰和诱惑。你可以在手机上下载番茄计时器，也可以在电脑上下载一款桌面计时器；它们没有厨房计时器那么大的噪音。这些年来，虚拟的和实物的计时器我一直在用，但如果办公室里有其他人在,我不建议你使用实物计时器。

比较有意思的是,番茄工作法还能防止你在一件事情上投入大量的注意力。使用番茄工作法之后,少则一天,多则一周,你就能按照它的方式安排日程了——你在最不喜欢的事情上花费多少时间也就一目了然了。

有计划拖延

使用番茄工作法的一个好处就是,每过 25 分钟,你还有 5 分钟放松、分神的时间。这段时间非常关键,因为你很清楚,把这五分钟让给诱惑,你也是在向前赶路,这就为诱惑和正事划清了界限。你还可以进一步发挥这个想法。如果你发现自己正在拖延,看社交媒体、信手涂鸦,或是在做白日梦,你要知道所有这些都有属于它们自己的时间。你不用因为做这些而责备自己,你只需要为它们设立恰当的界线。所以,如果拖延中的你被自己抓了个现行,你的老板模式完全可以做决定:"好,再拖延 5 分钟,然后就该开始做这件事。"通过设立界线,你能明确自己为什么拖延并减少拖延的欲望。你会发现这一界线会一直随你延伸至 5 分钟结束。既然你已经得到了拖延的时间,你也应该开始做需要你做的事了。

能量小时

"能量小时"是几年前我发明的一个概念,用来防止自己逃避某个重要的活动。其原理很简单。拿出主动型注意力最旺盛的一小时处理自己逃避的工作。因此,我只需要拿出一个小时,不用把一整天都花在这件事情上。把能量小时写到日记本里,它就能从一种可有可无的选择(我总是因为更容易、更明显的工作而忽略它）变成一天中必须兑现的承诺。它有助我集中注意力。能量小时过后，我总是能深入那项活动，知道它并没有想象中那么可怕或困难。我经常使用周检查表里的问题来确定在能量小时里安排的活动："哪些是比较困难或者我可能逃避的大石头？"如果问题有答案，我就会立即安排下周的能量小时，即便当时我还在回顾阶段。知道自己对很久没有进展的事情做了承诺或制定了计划，我心里就像是一块石头落了地。

另一种设置能量小时的方法就是思考下面这个问题："哪一项活动，如果今年每天坚持做一个小时，能够让我现在扮演的角色取得成功？"

假如你是推销员，这项活动应该就是打推销电话了。在并不享受推销电话的情况下，你总是能找到别的活动顶替它。所以最好要养成习惯：每天上午 9:30~10:30 打推销电话。时间一长自然会有效果。这当然不是什么复杂的事。可是即使你现在很清楚这项活动是什么，你每天可能也做不满一个小时或更长的时间。能量小时能够让你找到要坚持的东西，不断壮大自己，把有意识的选择内化成无意识的习惯，最终实现目标。

你可能会发现，如果把能量小时这个概念告诉同事，让他们配合你，不在这期间打断你，这项活动会更容易完成。比如像 Think Productive 的埃琳娜那样，把陶瓷猫放在桌子上。这种公开的形式也能坚定你自己的决心。只要能够说明这一小时不同于其他的时间，使用其他类似的信号或做法都可以，简单的有在能量小时期间改变桌面背景，放上最喜欢的音乐，喝一杯价格不菲而不是普普通通的茶，等等。你还能做一些具体的活动，比如换个桌子，或者到户外一边享受美景一边工作。

练习：设置自己的能量小时

你需要：看日历；知道什么时间的注意力是主动型的；老板模式下的主动型注意力
用时：15~20分钟准备，每天一个小时执行
体现了：自我审视

现在你就要设置自己的能量小时了。开始时，问自己那两个问题，对于在能量小时应该关注些什么，看看自己有什么想法：

- 哪些是比较困难或者我可能逃避的大石头？
- 哪一项活动，如果今年每天坚持做一个小时，能够让我现在扮演的角色取得成功？

接下来，在主动型注意力最集中的时间段，选择最没有可能被打断的一个小时作为高效的能量小时。

我们只有两条原则：

1. 一旦确定了能量小时，就不能再改变时间或计划（你不可能一得到通知就和老板模式改变会议安排，为什么你宁愿让自己失望也不愿让别人失望呢？）
2. 每天只能安排1个能量小时。这样做的目的是集中精力把一件事做好。如果你安排7个能量小时，其结果不是让你有压

力，就是让你失望，所以连试都不要去试。

最后，你能告诉其他同事，让他们协助你吗？你需要做点什么，以暗示他们你正处在能量小时之中，不希望被打断？

还有其他个人信号，比如可以用的东西或可以做的事情，能够说明你已经进入状态了吗？

更多执行技巧

批量处理

为了减少准备时间耗费的注意力和精力，把相似的任务集中起来一次性处理是个明智之举。进入工作状态需要一定的时间，如果你已经进入了状态，最好是继续做下去。这就是为什么我建议你要在不同的时段批量处理邮件。如果你正在做的事情需要事先准备好大量的文件和文档，这个办法尤其有用，因为你一半的时间都是在找恰当的参考信息，你一半的麻烦也源于此。把销售工作或客户开发工作放在一起做也有助于你进入正确的思维模式，针对当时选择什么语言、大概用什么方法做出更好的决定——你甚至还能从一封邮件或一篇报告上剪切小段信息，再粘贴到另一个文件上。把电话都集中到一起打不仅意味着你能进入正确的打电话模式，还能让你利用这段时间跑出办公室，呼吸一下新鲜空气。批量处理能够让你有一种顺流而下的感觉，工作动力越来越强。你会发现这样做比从一个任务跳到另一个任务上更有效率。

我们在第四章讲过，忍者提高处理邮件效率的方法是批量处理，而不是一直开着邮箱，一点一点分散处理。你知道一周要用多少次番茄工作法才能把收件箱清空吗？再过几周你就会知道了。

效仿与指导

做很多工作时，我们都有一种身先士卒的感觉，或许是我们的工作进入了公司从未涉及的领域，或许是研发出了新产品，有了新创意。果真如此，你会感觉能指望的只有自己的想象力，但其实不然。你可以在公司里找一找，有过类似困难并最终战胜困难的人不难找到。如果能"效仿"他们的做法，要比做重复的发明更省力气。你要找机会学习他们的智慧成果，比如问他们能不能一起去咖啡店坐坐，或者给他们发封邮件，问几个能推进工作的问题。找机会参考他们的意见，学习他人的经验教训。如果有人和你遇到了相似的困难，你也不要吝啬你的建议。

> 只有不去做，没有不可能。
> ——纳尔逊·曼德拉
> （Nelson Mandela）

除了让你大幅度提高效率以外，请他人指导还能为你带来一两个位居高位的朋友，这对你的职业发展非常有帮助。

利用"黑客技巧"

关于"生活黑客"的文章有很多，现在"旅行黑客"也成了博客热词。在网站 www.lifehacker.com 刚开始运行的时候也出现过一时之盛，上面有很多非常有用的"黑客技巧"。黑客技巧指的是颠覆传统、走捷径的做事方法，使你能不按系统套路出牌，也就是做起事来不拘一格。黑客技巧一旦被解锁，你就能用它提高效率。

像 LifeHacker 这样的网站是蕴藏有用信息的宝库。但你一定要分清阅读与效率有关的内容和真正达到高效率是两码事，我们的大脑很容易将这两者混淆。一定要避免掉入"高效兴奋剂"的旋涡中。此外还有很多网站，里面既有提高效率的妙招，又有很琐碎的建议，比如怎么清除挡风玻璃上的鸟粪等。即便如此，偶尔扫一眼 Lifehacker 等网站上的帖子也可能帮你更好地使用某一种工具，或者找到更有效的做事方法。

如果你需要黑客技巧或捷径，特别是使用 Outlook 和 Toodledo 的方法，一个窍门就是去视频网站上寻找答案。你会非常惊讶，居然有那么多乐于助人的技术控坐在家里录制指导视频，帮你一步一步把问题解决。愿上帝保佑这些极客们，因为地球将属于他们。

做喜欢做的事

> 伟大的成就少不了热爱。
>
> ——拉尔夫·沃尔多·爱默生

最后这一点内容将为本章画上圆满的句号。过去，做自己喜欢的事，喜欢自己做的事不过是一种理想。但现在已然是信息时代，我想说，我们现在比以往任何时候都能把它变成现实。我们能和世界上任何一个地方的人建立联系和友谊，通过他们成就自己理想的事业，做自己想做的事。我们面对的门槛非常低，但还有很多人坚持做着自己讨厌的工作，然后为了度过一个愉快的周末就买些超出自己消费水平的东西。这样做带来的债务会让人们将工作抓得更牢，不敢冒险，也无法做出改变。在这里我想说明一点，我虽然不认为追求自己喜欢做的事情就必须换工作，但如果你能十分享受你的工作，并完全投入，你对公司来说就更有价值。我坚信，真正让我们实现高效的秘诀，也是执行技巧中最佳的一个，就是不要在自己讨厌的岗位上耗太长时间。

练习：执行技巧、决策工具和我的习惯

你需要： 这本书、日历/日记本
用时： 15分钟
体现了： 另辟蹊径、机敏灵活

回顾一遍下面的执行技巧，看看哪些是你已经做过的，哪些你准备开始做以及什么时间开始，哪些以后可以做，哪些太过火，绝对不能出现在你的周检查表上。

	已经在做了	可以加强	可能试试	会试试	永远不会试
单线工作	☐	☐	☐	☐	☐
持续捕捉	☐	☐	☐	☐	☐
番茄工作法	☐	☐	☐	☐	☐
有计划拖延	☐	☐	☐	☐	☐
能量小时	☐	☐	☐	☐	☐
批量处理	☐	☐	☐	☐	☐
效仿与指导	☐	☐	☐	☐	☐
利用"黑客技巧"	☐	☐	☐	☐	☐
做喜欢做的事	☐	☐	☐	☐	☐

你是忍者吗？

- 忍者会果断选择自己要做的事情，而且做事时不拘一格，会找到最快、最容易、最有效的工作方法。
- 忍者会选择让自己放松、身心禅定的地点工作。
- 忍者机敏灵活，因为他们准备好的第二大脑能让他们用最有效的方式工作。

第十章

忍者式项目与会议管理

> 我们要把远忧变成深谋远虑。
>
> ——温斯顿·丘吉尔
> （Winston Churchill）

项目是什么

现在收件箱已清空，信息已整理完毕，桌面已清理干净，待办事项清单和检查表已备好，你要开始在糕点上摆樱桃了。但是还有一个问题：其他人。与人共事有时是工作中的一大乐趣，但有时也是最麻烦的部分。这章我们会来看看解决这个问题的技巧。首先，我会分析一下其他人将怎样影响你完成小组项目的能力，然后再介绍怎样利用其他人贡献的力量让你们的会议开出忍者的水平——更高效，成果更显著。

简单说，项目就是你要做的任何需要多个步骤（行动）或超过一周才能完成的事情。这个定义比大多数定义都宽泛，但我是故意如此。你要把任何被定义为项目的事情都添加到项目清单里处理，所以定义越宽泛，项目清单就会越完整，你处理的每一件事都不会被落下。

本书非常关注对行动的管理，这种关注是很有道理的。注重行动就是注重事情的完成和实现，而管理项目也是一项重要的技能。项目能够给想法和行动以框架和目标。只管理行动可能造成混乱不堪的结果，但把行动作为项目的一部分进行管理，则能推进事情的进展。

环顾四周，你做的每件事都可能是一个项目。把零散的工作甚至是娱乐活动或者处理人际纠纷当成项目，你便会有很强的动力去处理它。忍者也一直在寻觅新项目：收集想法，并在整理阶段找出可以管理的项目。你周围的每件事都可能是一个项目，可能让奇迹发生。

但我们经常根据过去令人不快的经历给项目下传统的定义。对我们来说，项目就是一些非常复杂并要受到他人评判的活动。或许是因为想起了上学时繁重无聊的课业项目，思考和规划总比动手和完成多得多，我们就总把项目看成无趣又不得不做的事情。我们也经常把专业的项目经理看作职业管闲事的，其工作就是催促、叨扰和打搅别人。

除了给项目下一个很宽泛的定义以外，我还要介绍一种简单的方法，可用于处理大多数项目。本书已经介绍过很多做法了，比如收集、整理和回顾。它们能让你更好地采用有效、灵活的管理方法应对周检查表上的每一个项目。你每周的工作就是确定下一步的具体行动，然后添加到主要行动清单里，以此控制项目的导向。在这个过程当中，你也能同时检查项目进展得是否正常。如果有新项目需要添加，有旧项目已经完成，或需要把不相干的项目移出清单时，你还能对项目清单做出相应的调整。

计划赶不上变化

就像已经失效的待办事项清单一样，过去的项目管理方法已不足以用来管理今天的项目了。过去管理项目的方法就是进行周密的计划，但是监督不足，因此一旦事情有变（而且经常如此），任务交付就要延后，精心计划好的时间就不得不改变。其他人也很容易成为阻碍。你不管在理论上把项目安排得有多好，也挡不住有人笨手笨脚地为你设置几块路障，他们不仅言行不一，还会造成混乱和麻烦。通过每周定期进行项目诊断，即做周检查，你足可以把项目控制在正确的轨道上。你要追求的是实现灵活管理，而非过度准备。所以，一定要计划少一些，后续检查和监督多一些。

当然，有的项目非常复杂，各种事务盘根错节，你需要找到"关键路径"才能走出迷宫。在这种情况下，我不建议你放弃项目规划的想法，但我更建议你雇一个有经验的项目经理帮你走出来。

五大节点式项目管理模型

日常项目管理的最佳结构是 20% 的规划加上 80% 的管理、调整和控制。一个人可以按照自己制定的计划管理一个复杂的项目，而一旦有其他人参与进来，事情就会变得错综复杂。一个完美的项目计划，需要定期进行灵活管理，应该包括最多五大节点，即可以明确回答"我们是否知道自己方向正确"的时刻。这些节点经常被我们用于微观管理，但似乎只会让事情更复杂、混乱，不会带来条理感。事实上，你应该在处理每个项目时都设置一至五个节点。不要超过五个，也不要少于一个。

有开始、经过和结尾

当让其他人参与到项目中来的时候，你一开始可能需要不厌其烦地确认每一个细节，才能保证项目按自己预定的路线向前发展。但你一定要知道，不管你初衷多好，不管其他人能力多强，你下发任务时越细致，越容易让人手足无措。事实就是这样。所以一定不要让项目太复杂，你只需要为项目管理设置五大节点：

1. 立项
2. 起步
3. 中点
4. 完成
5. 庆祝

下面我们依次说明。

立项

立项就是准备好所有资源，确定整个项目的宏观框架。我们要将传达想法或共识作为一大里程碑，同时确定每个项目阶段该由谁负责。

起步

起步这一节点的目的是检查项目进展的方向。我经常借此机会，有时以此为托词，检查或让别人检查前几天或前几个行动的进展情况。如果你想对项目多一些把控，如果负责这个项目的人缺少经验而你想再给他们一些支持，这个阶段就非常有用了。以制作手册或创建网站等设计项目为例，你可以在此阶段和设计师讨论你最初的想法，甚至是一些之前没有预料到的问题。

中点

你怎么知道事情正朝完成的方向发展呢?这个项目有一个中点吗?如果有,你会感受到动力。同样,你也可以利用中点检查项目的进展,重新确定一遍最终目标,从而确定最初设定的目标是否和现在想要的结果一致——毕竟,与项目开始时比,周围世界已经发生了变化。

完成

完成是最好界定的,但人们也经常就怎样才算完成产生分歧。一定要确保在立项阶段,至少是在项目起步时,你心目中完成的标准和其他人心目中的一致。你怎么知道项目完成了呢?完成之后要达到什么效果?成功的标准是什么?财务方面有标准吗?具体或预计有多少人会参与?会生产、购入或售出多少产品?在开始时就要仔细界定成功的标准,否则模棱两可一定会再回来纠缠你。

庆祝

最后一个阶段是庆祝。在庆祝成功和反思事情发展方面,我们做得还不够。我们经常让庆祝成功的机会擦肩而过。使用这个模型,你可以为自己创造保持乐观、反思、致谢和学习的机会。我不是说你要为每次客户报告都办一次奢侈的庆功宴。表达谢意和交换意见固然重要,但有时候给主要成员发一封简短的邮件或和他们聊上一会儿就足以做到这一点了。不管你是单打独斗还是和整个团队合作,都不应该少了庆祝这一环节。

现在有很多专门写项目规划的书,此处我不再赘述。但有件事你必须记住：你是忍者。虽然小组项目做起来很有压力，但你如果按照高效忍者的方法做事，就会获得理想中的效果。不管遇到什么样的障碍，你都能搞定。遇到曲线球不要躲，要抓住它。

会议

推进项目时，我们总是不可避免要使用一种最常用也让人既爱又恨的工具：会议。说到会议，很重要的一点就是，它会让我们把注意力从个人转移到集体。我们开会前要一个人去，散会时也是一个人离开，开会时却需要集体协作。所以在这一部分，我们既要看微观层面，也要看宏观层面：我们个人需要做出哪些改变？我们的企业文化应该发生哪些变化？

注意力冲突

在个人层面和集体层面，都存在一种较大的冲突，即听和做的冲突。

↑	听得多，做得少 心理咨询	听得多，做得多 高效率
听	听得少，做得少 官僚风	听得少，做得多 无知者
		做 →

悉心保持最高产的状态，让它稳定、长久地持续下去实属不易。我们必须花一些时间和注意力主动了解周围的人，在战略层面明确发生了什么事，倾听其他人怎么评价我们认为有价值的事情。当然，我们有时也只需要闷头工作。了解这一冲突，评估怎样利用这一冲突才是最好的，有助于你判断在当前这种情况下是开会最为有效，还是应该使用忍者保持神秘的计策，以防有人把你拉进毫无效率的会议。

你在受到他人影响后的时间管理和注意力如何了呢？你的时间都花在心理咨询式的会议上了吗——你大部分时间都在听，什么都做不了，而你只希望能一个人独立把事情完成？还是卡在了"无知者"的阶段——你付出了最大的努力，却还是不能赢得支持、宽慰和反馈，进而不能把效率提到最高，影响放至最大？

你怎样描述你们关于会议的企业文化呢？你是否身处刮着官僚风的荒原上？你渴望更多沟通，却感觉没人在乎你说什么？还是在无聊的"心理咨询"例会上，经常感觉如果再开下去自己就会疯？又或者，你觉得自己的公司在处理注意力冲突方面做得很不错，会议开得张弛有度？"高效率"这一格正是我们希望所有工作都能达到的。

接下来，我们看看注意力冲突的好与坏。首先，通过推掉一些没必要参加的会议并提供一些备选方案，我能帮助你减少开会消耗的时间。这就需要你发挥新练就的忍者性格特质：冷果断、神秘莫测和另辟蹊径。然后我们来谈谈最重要的部分：怎样让剩下这些不得不参加的会议高产、高效、有价值。这需要你营造一个可以让自己身心禅定、有备无患和机敏灵活的会议环境。

在会议上浪费的时间

在电脑出现以前，大多会议都非常正式，节奏很慢。我在乌干达的一所农村小学教书时曾参加过一个员工会议，所以对这种会议略知一二。那次会议是由我同事联络和主持的，沿袭了一百多年前其英国殖民统治者的风格。前半个小时是冗长的自我介绍和"开场白"，其后两个小时苦不堪言，又没能解决任何实质性问题。其实需要做出决策的就是如何为老师额外分配职责和任务的问题，这些都是由校长分派的。虽然校长和每个人都讨论了很长时间，但事实上他的权威和评判都不容置疑。所以我不由得想，这个会议是不是可以换成由校长在门上贴出一张告示，告诉全体老师"下面是你们新负责的内容。如果有任何疑问或问题，请向我说明"。其结果将一模一样，除了一点：那里最具智慧和经验的15个人能够利用那两个小时在世界上最贫困的村庄辅导孩子，总计30个小时。我们真的可以用被浪费的时间去做更有价值的事情。

时间比金钱还贵重

你想过开会的成本吗？你真的考虑过会花多少时间精力吗？我说的成本不是租房间、买茶点的成本，也不是你和你老板耗费的个人时间成本。我说的是把所有人聚在一个房间待上一个小时的成本。开会，除了实际产生的财务成本以外，还会因为那段时间主动型注意力毫无作为而产生机会成本。一小时本可以用来处理每日待办清单上的大石头。最后，把其他人围坐在桌边的一小时加起来，机会成本就会翻倍。现在你应该明白了吧？表面上是吃点儿饼干，说 10 分钟正题，然后在说说笑笑中度过一个小时，实际是在助长不良的开会风气。

低效会议存在的原因

现在，获取和传播信息的途径较 15 年前都发生了巨大的变化，更不用说和 30 年前相比了，而开会的方式几乎从没改变过，这难道不让人惊讶吗？我觉得有几个原因可以很好地解释这一点。如果我们想有所进步，就有必要明确这些原因。

1. 我们都是社交动物，喜欢聚在一起，形成团体。我们认为这也是很自然的事。
2. 与高效率相比，有些人更喜欢饼干和低效率。
3. 集体惰性已成为一种文化：抱怨会议缺乏效率要比挺身而出、力争改变容易得多。

不要用会议取代决策

> 不想做事时，开会就在所难免。
>
> ——约翰·肯尼思·加尔布雷思（John Kenneth Galbraith）

不久前我意识到，我们公司开会的次数变得比平时多了，我的日记本上也到处都是"花半小时讨论这个问题"等类似的会议要点。有时助理在我们共用的日志里找到半个小时之后，我们往往只是确定会议的名称，然后朦朦胧胧地回忆一下安排这个会议的初衷。至于为什么会出现这种情况，原因很清楚：前两周我很忙，我的能量快要消耗殆尽了。所以有人问我问题时，我总是推迟做决定的时间，因为我实在没有精力当时就做决定。我会说："我要再想想，不如我们先预约一个半小时的会议吧，到那时我们再决定？"

表面上看，这样做好像很明智：防止会议时间过长，因此确定决策的截止时间，然后回到手头上的工作中。而实际上这是对时间和精力的巨大浪费。当即决策，以最快的速度走出瓶颈，这样做虽然有些痛苦，但往往也是最简单的。有问题时，你应该习惯于倾听这个房间里的团队有什么建议。这要比推迟倾听的时间、开第二次会决定好得多。

选择开会以外的方式

> 创造力与创新的根本区别在于，前者是思考如何做事，后者是做了事。
>
> ——迈克尔·格伯

这样做会让你立即变得非常高效。我们应该对开会说不，用其他方式戒掉对开会的瘾，满足开会的欲望。我们开会的原因各种各样，你可能要花一个小时到半天时间参加一个实际没必要召开的会议。以下有几个代替开会的选项。

闷头工作

如果你的工作内容不需要各种各样的会议来确定，只要闷头做就行了。记住，为不参会道歉总要比请求批准不参会容易得多。

邮件会议

协调多人一起工作时，我们的第一反应往往就是把他们召集到一个房间里开会。其实把他们放到一个页面上群发邮件要来得更容易。发邮件还有一点好处：如果你通过邮件寻求共识或就某事请求批准，决策者很难再闪烁其词，不直接给你回复，你反而更容易从他们那里得到一个答案。

在征求意见时，我们也没有充分发挥邮件的作用。头脑风暴之所以对我们有帮助，是因为它允许我们从一群人的想法中选出最好的。它尤其能帮助我们把众多想法汇总成一个或形成一个框架，达到整体作用大于局部作用之和的效果。邮件也有类似的作用：你能用邮件把每个人认为最好的想法收集起来——5分钟即可，不用开一个小时的会，这样谁都不会抱怨。如果一轮邮件回复过后还没有得到想要的方案，你可以再发一封邮件，把最好的想法总结一下发给大家，让他们再想想。如果还不行，第三步——最后一招——就是召集几个人（特别关注这个话题的人）开个时间短但目标明确的会议。

电话会议

电话会议本质上也是把一干人等聚在一个房间里。但是，在电话会议和会议都顺利进行的情况下，前者一般只会用去后者一半的时间：电话会议的主题更明确，而且与会人员不容易判断什么时间表达自己的想法合适，这反而能够有效地筛除重复、无价值的评论和想法。Skype等视频通话工具的兴起，让电话会议对传统会议的主导地位形成了挑战。这是有百利而无一害的。

协作技术

协作技术将更为普遍。这些技术的优势显而易见：如果是为了处理文件或者努力实现某一想法，你可以从第一天起就让专业人士参与到编写最终文件的过程中来。通常情况下，你需要把这些人召集起来开个会，向他们咨询专业建议，比如财务部主管。而用这种方式，你能避免多余的讨论，只关注项目中的财务内容。

办公桌劫持

你需要学习"办公桌劫持"的艺术，它能代替所有为征求同意或提议而进行的一对一会议。办公桌劫持有两种方式，有计划的和无计划的。有计划的更礼貌，你可以发一封简短的邮件说："嗨，我正在处理这个项目，需要你的建议。今天或明天 × 时你在办公室吗？我去找你聊一会儿。"如果你的对象没回复，或者你觉得他们因为你的要求不在计划中而不想理睬你，那你就用无计划的方式，直接去工位上找他们。

你来到他们的工位以后，沟通就变得格外有效率。因为你站着，对方坐着，居高临下的你在故意用一种让对方不舒服的姿势，还可能引起周围一两个同事的注意。对方也清楚这种情况，所以会尽最大努力摆脱你，因为此时此刻，你们两个人格外尴尬。其结果往往就是，你离开之后，对方那里才会变得既舒服又安静，他们会给你发来一封他们之前很久都不愿意专门撰写的邮件，里面有你需要的所有内容。同时，你也省去了半个小时的会，而其中一半的内容都是滥竽充数，为了凑够时间才加进去的。

摘要邮件

团队成员之间能够跟上彼此的进度，有助于团队进行良好的沟通并形成高昂的士气。大多数企业都非常需要营造这种环境，特别是因为这样一来，所有人都能装好"雷达"，尽最大努力探测新的机会。这些沟通同样也可以通过邮件完成。我们可以安排一名内部通讯员，每周把重要的信息收集起来，发给大家看。这样要比开会、花一个或一个多小时讲给大家听快得多。此外，我们在走廊里遇到同事时，或者周五一起出去喝一杯时，都会听到自己感兴趣的内容。

走动管理

走动管理（management by walking about）对具备基本社交技能、时间有限的管理者来说是个非常好用的工具。虽然想把它用好需要在细节上下功夫，但它绝非听起来那样复杂。你可以抽时间到工作区走走，一天一次到三次都可以，让团队有机会接触到你，也让你不直接管理但需要合作的对象接触到你。有的管理者很棒，进行走动管理时都用不上记事本或任何捕捉工具，但如果你和我一样健忘，也希望避免只走个过场，最好还是带上记事本，把一路上出现的各种行动和想法都收集起来。更重要的是，你可以创建一个按人分类的清单，每周拿出时间巡视的时候，你可以和这些人见面，推进相关问题。你也可以把走动管理设置成主要行动清单里的常项。做得好的话，这个过程会非常有趣，而且社交功能强大：不到半个小时的时间里，你就能处理到十几个问题。

每日小聚

这个办法有一点偷懒的嫌疑。它虽然短，但其实是一次会议。很多书都讨论过每天开个短会的想法，我个人最喜欢的是维恩·哈尼什（Verne Harnish）的《洛克菲勒式习惯》(*Mastering the Rockerfeller Habits*)。他在书中讨论了成长中的企业为什么要把 1% 的领导力放在战略部署上，而把 99% 的领导力放在保持团结一致上。"每日小聚"就是团结一致的一种形式，这样做也是为了提醒每位成员，他们的主要目标应该是什么。每日小聚不会超过 15 分钟，但能省去大量的会议或其他沟通形式，因为它是一种简单、重复的形式。每天，我和我的团队都会举办一次小聚（我们基本都是坐着的，但与会人员众多。重要的是，我们能在房间一角，走廊或任何够大的地方做这件事）。每日小聚包括五个固定问题：

1. 你有什么好消息？
2. 你今天准备做什么？
3. 我们离几个关键的数字目标又近了多少？
4. 你的工作卡在哪了？
5. 你明天能参加小聚吗？

每日小聚没有那么多规矩，但我有几条比较实用的建议。首先，如果出现一分钟之内解决不了的问题，就拿到小聚之外解决。其次，每天在固定的时间小聚。在 Think Productive，我们定的时间是上午 9:40。这主要是因为我上午 10 点偶尔要讲课。我能先准备好给学员上课，然后参加小聚，小聚结束后我还能有 5 到 10 分钟的时间再回到培训教室。我们团队成员轮流主持每日小聚，这样能够培养成员的主人翁意识。进展顺利时，小聚——我们直接称其为"9点40"——只用5分钟就能结束,最长的时候也没超过15分钟。

逃掉会议邀请的话术

> 对别人说"好"时,不要对自己说"不"。
>
> ——保罗·科埃略
> （Paulo Coelho）

以上的方法都可以用来代替既耗费注意力又浪费时间的会议。但如果会议不是由你召开的该怎么办呢?有人邀请你参会时,在一般情况下都不好拒绝。你觉得这样会让对方失望,因而感到愧疚。如果你很清楚这次会议对你来说没有意义,只会白白浪费注意力和时间,而你完全可以更好地利用这些注意力和时间,那么有一个忍者式方法可以帮你脱离苦海：遁走。

"我有更重要的事情做"

这是实情,但不要那么说。可以说："我的 X 项目要到截止日期了"或者"老板让我接下来这几天独自处理 Y 项目"。这样说不唐突,但是回绝得很坚决。

"那天我来不了"

这句话很实用,尤其适用于回绝出于礼貌邀请你参加的会议。这种不必需的会议是花时间和注意力"买来"的奢侈品（顺便说一句,大多会议都是如此,因为组织会议的人只有一个目标,那就是把他们的任务完成,而不是节约你的时间和注意力）。

"我去不了，但是……"

你可以不去参加长达一两个小时的会议，但可以花 5 分钟了解眼前的问题，然后把自己的想法写成邮件，发给会议组织者。这样你既贡献了力量，也没浪费时间。而且，多数组织者都会因为你的参与而对你心怀感激。

"我可能去"

这个方法尤其适合和 Outlook 一起使用，因为在 Outlook 上，你可以说"我可能会参加"。不要认为自己一定要给出解释——在他人看来，你的回答只是个初步结果，所以他们一般会解读成你正在尽最大努力赶过来。实际上，你可能是在尽最大努力不去参加。在口头上和邮件里使用这个词也会有相同的效果。

看过这些逃避策略之后，你可能会说："如果每个人都这么做，以后开会是省了，但是团队也不会再有合作了，整个公司都会垮掉。"某种程度上确实如此，但这些逃避策略都是供你不得已时使用的。你应该知道一点：鼓励企业形成一种质疑现状的文化是非常有利于企业发展的。不管怎样，如果你能践行忍者行动神秘莫测的策略，你会发现，无论何时，能够发现你逃掉了会议的人是非常少的，少到让你惊讶的地步。

好的会议能改变世界

虽然上面说的都是逃避会议的策略，但有些事情非开会不能解决。当开会是最好的选择时，你就需要考虑下面这些内容。想清楚之后——也只有在这时——你才能策划你生命中最有效率的会议。

假日酒店（Holiday Inn）调查显示，80%的商务人士认为，会议中饼干的选择和质量对会议的结果有积极影响。

宏观视角

人们无法充分利用会议的一点就是，他们往往只在细节层面做出承诺，却不关心宏观层面上的问题，比如：

- 整体策略是什么？
- 比较这两个方案，哪个更容易取胜？
- 我们当中谁是主力？
- 质量和成本哪个更重要？它们的重要性根据什么变化？

这些问题基于战略思维，对局势进行宏观把控。这些问题有了答案以后，应该采取什么行动便可迎刃而解了，不需要再开会讨论细节。

> 可以通过设计把马变成骆驼。
>
> ——亚历山大·伊斯戈尼斯 (Alex Issigonis)，
> 宝马 MINI 设计者

开会处理涉及感情的重要问题

当有人值得你当面告诉他们关乎感情的决定时，藏在邮件后面通知真不是什么光彩的事。我想提醒你一句：只有这份感情对你非常重要的时候再这样做。如果约翰在公司干了27年，而你却要免去他的职务,这是很重要的事。如果比尔因为你没有选择他最喜欢的设计就闹脾气,那你就没必要和他单独谈话了,就让他到别处去发脾气吧。最好是在家里。

为获得动力、提供精力、达成心流状态开会

用一场"启动会"开启新项目,从而让整个团队凝聚起来,让他们为项目的下一阶段做好准备。获得充沛的精力、工作动力并达成心流状态非常重要,因为它们能使未来的合作更加轻松顺畅。所以,召开这类会议的目的就是引起个人的化学反应,稍微调整一下团队内部的合作。如果用非传统的方式召开也不失为一个好办法。但是大胆一点,你完全可以带着团队去打保龄球或美餐一顿。

让会议充分发挥作用的法则

你已经找借口避开了六七成的会议邀请,自己也少组织了九成的会议,对于剩下的会议,你需要让它们充分发挥作用。但是,能实现的概率很低,筹码很高。我自己参观过几次充分发挥作用的会议,我真希望我也能成功组织那样的会议。

我参加过一些很棒的会议,其中有几场是由马丁·法雷尔(Martin Farrell)组织的。他是 Think Productive 的"会议魔术师",也是我们非常信赖的同事。正是马丁向我介绍了我所知的最有效的会议原则。路易斯·格雷斯尔(Lois Graessle)、乔治·加夫林斯基(George Gawlinski)和马丁·法雷尔合著了《一起开会》(Meeting Together)一书,对其做了进一步阐述。这条原则

是"四二四注意力法则"。

如果你需要开会,而且想开成功,那就应该采用"四二四注意力法则":把40%的注意力放在会前准备上,开会前把每件事都安排妥当;把20%的注意力放在开会上,也就是所有人聚在一起的那段时间;最后再把40%的注意力放在处理后续事情上。

和所有黄金准则一样,这条原则看着很简单且一目了然,但我们实际上用得很少,也很难坚持下去。我们总是忍不住把所有注意力都放在开会上:会议日程怎么安排,会议结构怎么设置,诸如此类。其实比这更重要的事情是把场地、人员和大框架准备好。能够让会议真正产生影响的行动,当然是在会议结束后把事情完成。

40%的注意力在准备

准备就绪后——我是说要真的准备好——你就能让会议充分发挥作用。这需要你在准备阶段就把方方面面都考虑到,所以用时也会比平时更长。当然,你还需要打印会议日程,准备好背景文件或信息,还有最重要的,饼干。做到这些也需要你在会议开始前早早打算。提前思考不是为了尽可能节省注意力和时间,正相反,我们是为了得到最高的投资回报。下面有几种做法可以让你做好准备,而且一定会带来回报。

从一开始便关注结果

在准备会议时,提前决策也非常有帮助。不要会开到一半才研究出理想的结果,提前想好,这样开会时你始终知道结果是什么。你甚至可以把它放到议程里。作为会议的主持人,你也可以在开场白时就告诉大家，比如这样说："会议结束时，我们应该制定好一套计划，把任务都下发出去，实现3月末新增加10个客户的目标。"

忍者还有一个非传统方法，那就是会议开始时既给出问题又给出问题的答案，让大家围绕更明确的话题展开讨论，总结各自的想法。比如，本次会议的目的是制定预算，你可以在会议开始前让人起草一份预算，然后让大家各抒己见。虽然意见不一，但总的方向是一致的。

好的会议是一次旅行

策划会议时，你可以把会议想象成一次旅行。找出可能停顿的地方，想一想大家应该在什么时间休息或舒展一下双腿，设计出最好的路线。好的会议会给人一种旅行的感觉。对大多数会议来说，起点是设置场景：大家相互介绍，说明议题和预设的结果。中间阶段是探索：讨论，质疑，达成一定的共识。会议接近终点时，你们应该早已结束讨论，开始决策、行动和协商下一步具体事宜。但是，如果这场会议一路下来没有任何标志性内容，指引我们前进的方向，那么起点、中间和终点之间的界限很容易变得模糊起来。

在咖啡或午饭时间前后设置困难议题

管理会议流程有一个窍门，那就是有规划地使用一天中自然的休息时间：午饭时间、咖啡时间或者预设的休息时间。在编写会议议程的时候，我总是尽量把大家可能很讨厌的议题放在咖啡时间前，比放在咖啡时间前更好的是放在午饭前。这就意味着与会人员的注意力和集体热情不仅仅落在应对问题上，还转向喝咖啡或者吃好吃的三明治和蛋糕上。耽误大家午饭的人，即使是因为原则问题，也是非常勇敢的。如果确实引起了众怒，大家在接下来的休息时间里也能冷静下来，不至于带着激动的情绪进入下一项议题。

留出备用时间

在会议中，总是会突发困难或复杂的事情，让你无法预测。与其设想哪里可能出现这种情况，不如在时间上做点文章：除了预计会用的时间以外，再多留点时间给临近结束时的几个议题。这样一来，如果有的议题出现超时情况，你就有调整的余地了。这就像是你为自己藏了一点时间。但是记住，不要向在场的任何人透露——即使是你最信任的人——因为如果有人知道你预留了时间，那也成了他们隐藏的时间。他们也会和你一样毫不顾忌地深入某一话题，浪费掉你预留的时间。使用忍者神秘莫测的策略，自己知道就可以了。

考虑会议时长

仔细斟酌会议的时长。如果你是受过训练的会议主持，那么你很可能让会议提前结束。你不能让每场会议都超过计划或实际需要的时间，所以你既要对时间敏感，又要切合实际，要求包括自己在内的与会人员尽量做到简洁。在 Outlook 日历上安排日程只能用 30 分钟或 60 分钟这样成块的时间，但这不能说明你不能安排一个 15 分钟或 45 分钟的会议——或者如果你愿意，一个 21 分钟的会议都可以。会议时长非常不好把控，所以你一定要仔细思考，慎重安排。在考虑会议时长时多用 5 分钟的主动型注意力可能会节省所有人的时间。

关注地点和布置

会场的布置几乎可以说明你要举办什么类型的会议：剧院风格的背景，前方有一个讲台，说明这场会议是说教式的，与会人员要记很多笔记，也要在规定的时间提问；摆放会议室风格的桌子则说明这场会议有些正式，与会人员可以踊跃参与讨论，但这类桌子和活动有时不利于与会人员积极倾听。把椅子摆成马蹄状，中间不放桌子，则说明这场会议有点像集体治疗，目的是让与会人员积极倾听，发展团队合作，达成共识，解决问题。怎么布置并没有对错之分，只有适合不适合，都要视情况和会议日程而定。室内布置真的很重要。

现在还有一种流行趋势：人们不在办公室，而是在咖啡馆开会。在过去这十年，英国已经真正接受了来自欧洲和美洲国家的"咖啡文化"，或许这也不足为奇。咖啡馆非常适合开会——咖啡馆不正式，你又不想因为待得太久而不受欢迎，所以接下来就只剩轻松、简洁的谈话了。当然，还有装在那些大马克杯里的咖啡。在咖啡因的作用下，我们会说得更快，也更清楚我们想要的结果。

> 室内布置可以传递出'你很重要'这一信息。
>
> ——南希·克兰

形成你需要的文化

我曾经做过一点临时管理的工作，每周都要参加管理层会议。让我印象最深刻的是，那家企业的董事长在企业中促成了一种文化：有会必准备。不仅会议主持人要做准备，其他所有高层管理人员都要准备。我们所有与会人员都要提前阅读材料，所以我们之间的谈话都集中在想法和行动，而不是放在说明和长篇大论的解释上。这个会议开 40 分钟比一般会议开三四个小时涵盖的内容都要多。这种文化不是偶然的：它不仅需要规划，还要董事长不厌其烦地强调。在每一个议题开始前，董事长都会进行一段开场白，几乎每次都有"我相信所有人都已经读过文件了"，然后迅速转入决策阶段。如果你没做准备，那你就是准备好迎接失败了——你可以犯一次这样的错误，然后让整个团队在一件重要的事情上错失良机。在读过所有必需的背景资料之后，你就能做好准备迎接第二周的战斗了。如果团队里形成了这种文化，你的生活一定会更轻松。

20% 的注意力在开会

你已经做了细致的准备工作，同时也敦促其他人做了准备，饼干也买好了。现在，你怎么能保证会议有成效呢？

欢迎和开场

如果与会者在五人以上，想把气氛调动起来需要的时间就会长一些。比较难做到的一点是尽可能让每个人都感觉舒服。感到舒服和被欢迎能够让人们积极参与，因为在他们看来，自己被人看轻的可能性降低了。让人觉得舒服的方法有很多，其中一个就是眼神接触，在与会人员到场时简单地对他们说几句话，其中一定要有"欢迎"这个词，让他们感觉自己很特别。如果你觉得这是件很琐碎的事，或者是不值一提的细节，那就想想你自己参加会议时感觉到热情或被冷落的时候吧——这样做真的很有效。

由我主持会议时，我总是在会议开始前让每个人做一次开场白。这是受到《思考的时间》(Time to Think)一书的启发。这本书非常好，作者南希·克兰在书中介绍了怎样为良好的倾听和思考创造理想的环境。这个简单的工具能让每个人都有短暂的机会得到所有与会人员的关注，进而拉近彼此的距离。

我的开场白通常包括三四个部分，比如：

- 姓名
- 你扮演的角色（以及你在哪里工作，如果有人是在其他企业或办公地点工作的话）
- 你为什么而来
- 一件进展顺利的事（这个问题故意问得很模糊，你可以说自己的工作，也可以说自己的私事，非常适合用来消除大家的拘谨感）

最后一个问题是我的最爱。回答这个问题时，人们总是能放开一些，略微展示一下自己来吸引大家的关注。在稍后的过程中，如果遇到很有探讨价值的事情，他们也能更有信心地参与进来。有很多研究表明，笑能够影响小组决策，而最后一个问题总能让至少一个人笑出来，然后分享一些有趣的事情。总之，它是个简单而非常有效的工具。

控制会议进程

作为会议主持，你的任务就是控制会议进行的速度。对此，你可能希望达到一种平衡：避免为节省时间而太过干脆。用这种方法节省时间可能会让大家无法融入，不能全力去做你想做的事。其后果将在会后显现：人们可能反悔之前做过的承诺，或争辩说他们的想法没有得到重视。同时，我们开会是为了把事情完成，不是参加集体治疗，所以不能给大家太多说话的机会，让他们翻来覆去讨论一件事。为在两种情况间达到平衡，想一想你需要什么样的会议，或者你想要达成怎样的共识：这场会议的速度是由会议室里速度最慢的人决定的，所以如果有必要的话，你一定要判断好在什么时间可能让其他人先走一步。

鼓励大家指出路障并讨论

你们实现目标的障碍是什么？有时我们很难说清楚。也许就是你自己，也许是性格原因，又或者是团队成员不清楚任务是什么，不了解应该怎样做。提供一个窗口——在会上集中讨论或会前会后单独讨论——让大家公开探讨可能遇到的路障，表达各自的想法。在团队里，沟通是最关键的手段，所以一定要提倡大家多交流，让会议成为一些人提出问题的"借口"，让它变成大家不得不面对问题的地方。

"有点儿不舒服"让决策更迅速

"有点儿不舒服"是小组决策的强效催化剂。你在主持的时候，可以使用这些话术：

- 我知道大家都想去喝杯咖啡,那我们就先抓紧时间把这个问题解决。
- 我知道现在有点儿热。这个议题完成之后,我会让人去修空调。
- 我们再讨论 5 分钟,然后就舒展舒展双腿。

除此之外,还有些极端的办法,比如在特殊的地点开会,甚至还有人选择站着开会。站着开会还是很有效的,但一定要注意本章开始我们讨论过的注意力冲突——当我们感觉不舒服时,最好的解决办法就是闷头工作,但有时不舒服会妨碍我们倾听和全神贯注地投入。

转向目的地

开会时,主持人或协调人的任务就是引导每个人走上通往目的地的道路,向大家尽可能清楚地传达决策和行动。如果有人做正式的会议记录(从我的经验看,会议记录只是偶尔有效果),你可以在会上提到会议记录,强调你们的新决定("好,各位,这一点我们应该在会议记录里怎么表述呢?")。大家一致同意的表述能够让讨论更具体,也能确保每个人都处在同一平面上。

为犯错误提供安全空间

人们常认为错误是不好的。但进步往往来源于尝试,其中有效的和无效的各占一半。曾经有一位企业老总对我说:"在我看来,犯错误没什么,有问题的是犯了错误却不承认,也不收拾残局。"多做尝试和创新,在考虑如何避免犯错的同时,不要害怕犯错。

结尾好才能一切都好

会议收尾收得好非常重要。最后几分钟常常是人们印象最深刻的,所以在与会者离开前,你要让他们获得明确的目标,感觉到团队的和谐和工作动力。告诉每个人接下来都有什么任务,确保每个人都清楚下一步的工作,尤其是涉及他们自己的部分。

公开承诺

为了让大家承担起各自的责任,公开承诺是一种很有效的方式。让与会者把各自的任务写到纸上,让他们找一个人或者在团队里分享。我曾经也用过一个比较过时的协调办法:让每个人给3个月或6个月后的自己写一封信或写一张明信片,说明自己想要实现的目标。我会把他们写的东西收集起来,以后再选个时间邮寄给他们。比6个月以后收到一封信(既是惊喜又是提醒)更重要的是,写信能说明与会者下意识里想把事情完成,以至于他们在收到之前就能完成。

总结陈词

和开始时我说过的开场白类似,总结陈词也很有帮助。它也能让与会人员有机会发言。即便参与得很好,他们也能用几分钟把注意力放在反思上——反思自己的参与情况并开始提前规划。在闭幕环节,我一般要问以下几个问题:

- 在这场会议中,你最享受的是什么?
- 在这场会议中,哪些事情让你很惊讶?
- 会议结束后,你计划怎么做?

- 你的期待是什么？

40% 的注意力在跟进

> 扯破嗓子不如甩开膀子。
> ——谚语

会议的后续跟进不只是重点，它还是唯一的重点。没有后续跟进和扎实的行动，开会是没有意义的。对行动或好的想法只做承诺不代表它们能够发生，承诺不代表完成，更不会改变世界。如果没有行动和跟进，会议规划得再周到，主持得再漂亮，都纯属浪费时间。所以下面我来介绍一下，形成跟进和有效行动的文化都需要培养哪些习惯。

会上做行动总结

不要在起跑后连第一栏都跨不过去。我见过很多会议就只走了那么远：会议主持负责在会上收集所有信息，弄清楚都需要哪些行动，然后再发邮件告诉大家。这就像是古老的传话游戏一样，与会者收到邮件时，邮件里的信息已经失效。而且，从那场会议至今，中间还开过几场不同主题的会议，所以人们开始记不清会议内容，也越来越不清楚该由谁做什么工作了。模糊造成拖延，拖延带来担忧，还有其他一系列不良情绪。

跟进要在会议结束时开始。会议结束前，每个人都必须清楚需要采取什么行动。也就是说，你需要一个行动清单，最好是用图表展示出来，并输入到会议记录里或打印到纸上。一定要利用开会的时间明确需要采取哪些行动，然后让与会者对各自的行动负责。

行动的文化

但是，只有行动清单还不够。你的团队应该形成一种行动文化。在跟进活动完成之后，相关人员应该得到嘉奖，但不应把完成视为意外惊喜。完成后续工作应该在意料之中，应该是一种常态，不应该为此大惊小怪甚至庆祝起来。

划重点邮件

主持人应该自己或者指派一个人发送一封"划重点"邮件，在邮件正文或以附件的形式把行动要点列出，表达清楚。同时，不要忘记感谢大家抽出时间参加会议，还要说明他们各自的任务完成后会对整体做出什么贡献，提醒每个人他们的目标，培养工作动力。同时，你的提醒需要一种存储方式，以便他们参考。发送时要确保邮件一目了然（分点列出，不要太长），详细周到。

确定负责人

会议结束，你也进入跟进模式以后，由其他人负责管理行动就容易多了。用划重点邮件说明现在由谁负责，可以是会议主持，也可以委托给项目经理全程监管。具体是谁并不重要，但要明确这个责任由谁来承担，这些行动由谁直接管理，有疑问或问题出现时该找谁处理。

为澄清性问题提供窗口

如果你正在带一个团队项目，你需要为澄清性问题提供窗口，让想提问的人不至于感觉难堪。提供的窗口可以是跟进邮件（我们马上就会说到），也可以是定期检查、办公桌劫持、走动管理或者将其融入其他讨论。你可以问下面这些问题：

- 你清楚自己应该做什么吗？
- 你需要的东西都有吗？
- 你的方向正确吗？

但要注意，用以上这些问题来解惑，无法保证不让当事人难堪。你应该这样提醒他们：

- 你有什么不清楚是很正常的。有什么想跟我商量的，我这周就有时间。
- 我知道我们有很多事情要消化，有什么不明白的尽管问我。
- 有几个人已经找我问过问题了，你有吗？（即使别人没问过，你也要这么说，这样会让人觉得不只是自己有问题，所以，提问也并不会显得愚蠢。）
- 我们遇到了一些比较大的困难，你那里怎样？

时间一长，你就能发现谁愿意主动向你提问，谁的问题需要你"套"出来，谁无论如何都不会问不明白的问题，即便他们对该完成什么一无所知。

跟进邮件

会后立即发一封划重点邮件几乎已经是惯例了，比较不常见的是一周或一个月后发信跟进。跟进邮件可以直接把之前的行动清单再发送一遍，还可以提供一些最新信息，增强工作动力。最重要的是，跟进邮件能够提醒大家行动起来，同时也为大家提供了一个重要的窗口，他们可以借此机会问自己不明白的问题，又不会显得愚蠢。

截止日期

有可能的话，设置一个截止日期。我们在讲 CORD 流程的执行阶段时提过这一点。截止日期有种魔力，能给我们惊喜。想一想那个你工作到深夜才完成的项目：开始时是不是感觉根本不可能完成？同样，在会议上分派行动时，不要害怕给的时间太短，让对方工作压力太大，因为你可以随时解惑和重新安排任务。

量化行动

不仅要确定截止日期，而且要对行动的内容和效果进行量化。量化这些内容能在开始几个阶段给人带来条理感，让人目标更明确，从而让监管和后续跟进变得更容易。如果会后几周又有不同类型的行动需要实行，那么质疑一下行动的内容也是一个很好的办法，可以定期用来重新安排行动。

练习：为例会做些改变，并创建检查表

你需要：思考空间、老板模式下的主动型注意力
用时：60 分钟准备，30~45 分钟开会，60~90 分钟跟进
体现了：有备无患

- 想一想你要主持的例会，可以是团队的进度汇报会议，也可以是半年一次的工作总结会议。
- 把想到的议程项目写成检查表。
- 为会议结束时经常要进行的活动创建一个检查表。
- 如果可能的话，具体化这些行动并标上用时。
- 筹划会议的准备、进行和后续跟进，花40%的注意力在准备上，20%的注意力在开会要做的事情上，再把40%的注意力放在跟进上。

现在，想一想你在会上不会做的事情，让事情变得简单一些。由于这是例会，花点时间研究一下怎么不断改善这些体制，让会议更有效率。

你是忍者吗？

- 忍者的身心禅定来自定期对各个方面工作进行的检查——把每一件事都当作项目看待。
- 忍者从非同寻常的视角看待项目管理和会议。与过去的"规划"相比，他们更注重机敏灵活的应变能力。
- 忍者通过项目和会议提高自己的谨慎程度和准备水平，促进相互信任，培养团队的工作动力。

第十一章

工作动力

当时我已经在首发车位了……我只是继续往前开。突然，我比其他人都快了将近 2 秒钟，包括和我同车的队友。然后我突然意识到，我已经不再是有意识地开车了。我靠的好像是一种本能，只不过我的位于另一个层面上罢了。当时我感觉自己像是在一条隧道里。

——埃尔顿·塞纳（Ayrton Senna），一级方程式赛车冠军，在 1988 年摩纳哥大奖赛排位赛后

在前面那些章节中，你已经了解甚至运用过 CORD 高效模型，形成了第二大脑来管理项目和行动。你的收件箱已经得到控制，你已经把注意力放在了项目管理上，减少了会议数量，也能充分利用那些必须参加的会议。你可能已经用过我们讨论的技巧、建议和方法。我知道这些方法有效，是因为我用过它们，我也训练其他人用过它们。我见识到了使用后的效果。现在，没有什么能阻碍你前进了，当然，除了你自己。

很多时间管理类的书没有指出，人其实是非常复杂的生物，我们经常不做对自己最有利的事情——即使我们知道自己应该做什么。

我们会做出错误的决策，有时更重视低价值的活动，而忽略了主要行动清单里可能带来更多回报的内容。我们也会拖延，为自己找些很差劲的借口逃避困难。这些困难虽然可能让我们看起来愚蠢、卷入争执，或者一直处于高度紧张的状态，但也能帮助我们成就不凡。有太多的诱惑、打断和分心让我们屈服了。

即使我们准备好要做——即使掌握了所有信息、工具和系统——我们仍然会找出一大堆不做的理由。身为忍者，我们还要与一个敌人做斗争：我们的抵触情绪。

抵触情绪

在你灵魂深处住着一个可恶的小生物。它狡诈、无形、险恶，它贪婪、莽撞、善妒，最糟糕的是，它比你更了解你自己。这个可怕的恶魔就是你的抵触情绪。没有人真正知道抵触情绪是由什么引起的，为什么在我们一心想闷头工作、提高效率时扰乱我们的意志。但能确定的一点是，你在工作中投入的感情越多，对自己管理的行动期望值越高，你的抵触情绪越有可能阻碍你、打乱你、摧毁你。

> 你不需要更多的天分，只是需要少一点抵触情绪。
> ——赛斯·高汀

史蒂芬·普雷斯菲尔德《艺术之战》一书的主题就是我们内心的抵触情绪，以及如何才能消除它。这本书讲述了一些有创造力的人与绝望、怀疑、嫉妒、恐惧等情绪抗争的故事。是抵触情绪让他们面对这些内心的挣扎，阻止他们继续做自己需要做的事情。你自己可能不觉得，但你也是有创造力的人。如果你的工作包括利用信息和想法创造价值，那么你就是史蒂芬·普雷斯菲尔德描述的那类人。不管你有没有意识到，是否对外承认，我们每个人都会体验抵触情绪。高效忍者必须通过自我认知战胜抵触情绪，想方设法击败它，形成强大的工作动力，即使最顽固的抵触情绪也不能把你打乱。抵触情绪只有在面对强大的动力时才会疲软。本章，我就会带你了解抵触情绪，并培养能够消除它的工作动力。

抵触情绪的必然性

尽管抵触情绪会带来痛苦和压力，但它是情有可原的。它来自我们大脑里最古老的部分。任何形式的创造力——我用的是这个词最宽泛的含义，以涵盖你做的大部分工作——都是大脑里两种本能对抗的结果。你那个更聪明、更发达的人类脑渴望成功，渴望把工作和想法传达出去；而蜥蜴脑——所有抵触情绪的根源——如果看到你要做从未做过的事情，就会担心你这样做会带来什么后果。它担心生存和安全。遇到大事时，它会选择舒适，不愿选择尝试。

只要遇到可能引起反应、带来改变的事情，抵触情绪就会试图打断你。只要有一丝一毫出丑的风险，它就会尖叫、呐喊、撕咬和争吵。为了生存，它可以无所不用其极。它就是要你一味地融入环境、保持安静，装出一副很忙的样子。

认出抵触情绪

抵触情绪本身很简单，只有几种。但是它的影响力、创造力和隐蔽能力不容小觑。它能以各种形式出现。下面有几种比较常见，你应该小心。虽然我列了很多，但还远不能将其穷尽：

- 做事完美主义。
- 为现在就可以做的任务组织一场会议。
- 工作完成后花很长时间调整字体、风格和标题。
- 花好几个小时调查和收集数据。
- 排除有争议或有趣的部分。
- 过度整理。
- 害怕改变。
- 批判想要创新或做出改变的人。
- 比起内容，更担心字数。
- 强迫症似地检查自己的工作。
- 向他人询问反馈，实则是想找心理安慰。
- 本可以勇敢一点和人交谈，却只是去泡了杯茶。
- 玩手机上的效率应用，而不是真正提高效率。

你可能会发现，其中有很多都会在我们主动注意力期间出现，用强烈的情绪和我们根深蒂固的习惯让我们分心。能够辨识抵触情绪是非常关键的第一步。一旦你发现了疑似的抵触情绪，战争就开始了。

抵抗并战胜抵触情绪

无论在何时，我们都有两种应对抵触情绪的方法：

- 想办法忽视它，让它住嘴。
- 巧妙地避开它。

让抵触情绪住嘴

意识到抵触情绪

我们的抵触情绪在大脑里转来转去，很少露出真容，而且只要有可能，就会伪装成其他想法。你必须隔一段时间就把它们挖出来一次。本书介绍了几种习惯和做法，能够帮你把抵触情绪挖掘出来。

捕捉收集大脑里的想法，让抵触情绪有机会暴露在阳光下。它唠叨、喊叫、喋喋不休。你能借助捕捉和收集把所有想法都整理出来，然后把唠叨和噪音都扔掉，不把注意力花在它们身上。

冥想。我们对自己的想法总是了解得不够深入，不认真倾听大脑里都发生了什么。冥想非常适合用来探索、发现和识别。它也能帮我们放慢速度，脱离想法一贯驰骋的轨道。通过冥想，你可以更专心、更专注，更注重当下。

营养和锻炼。锻炼好身体能削弱抵触情绪的作用。健身能产生积极的内啡肽，我们感觉会很嗨。即使知道抵触情绪就在某个地方，我们还是会感觉自己更强大了。

放松。很多抵触情绪在活动之后最为强烈。我们完成工作，回家给孩子洗澡或者去剧院看演出，正当准备放松时，我们就能听到它。

回顾周检查表和日检查表。回顾阶段很关键。因为你正在清点工作，纵观全局，这个过程会激起你的抵触情绪，而后抵触情绪会尽可能打断你、打扰你。

找一个"导师"。导师能帮你意识到不只是你有抵触情绪,即使表面上最冷静、最平和的人有时也会在工作和生活中感觉自己是天鹅:水面上优雅,水下却在拼命蹬腿。

揭穿抵触情绪

抵触情绪虽然很强大,但其本质上就是一个心胸狭隘的傻瓜。最好的办法,也是你的抵触情绪最讨厌的事情之一,就是揭露它的本质——一只又瘦又小的黄鼠狼。你有很多能把抵触情绪吓跑的手段。

你可以把"如果出错了会怎么样"这个典型问题换成"如果一切顺利会怎么样"。出于恐惧,我们总是设想可能的失败,因此意识不到我们的做法可能大获成功。而如果我们认为每项任务都可能带来巨大的成功,你在它们面前便会不知所措,因为你下的赌注实在太大了。所以,你要把自己拉出消极思想的泥潭,设想你正在做的事情不会让自己变成百万富翁,但也绝对不会让自己破产。一切都会没事的。

> 我感觉我现在处于"正在缓冲"阶段。以前我把它叫作"灵感枯竭",但灵感是谈不上枯竭的。
>
> ——艾丽卡·巴杜
> (Erykah Badu)

突袭自己。大声说出来。告诉一个人,比如和你亲密、让你信赖的同事,你因为抵触情绪,现在这个PPT演示文稿做得很艰难。你在大声说出来以后就会意识到,让这个来自蜥蜴脑的傻瓜控制自己是多么愚蠢。抵触情绪知道自己暴露以后就会撤退，你就等着瞧吧。

勇敢迎击抵触情绪

正面迎击抵触情绪几乎从来都不是最简单的做法。我们始终都需要勇气、力量和绝对的自知才能智取抵触情绪。但如果你坚持要试一试的话，下面有些建议可能对你有帮助：

创造空间，让抵触情绪和你当面对决。不要让抵触情绪被隐藏在网络或其他诱惑里。为你和你的抵触情绪单独创造一个空间。这样，你就更容易听见它的动向，也更容易应对它。

直视你的抵触情绪（抵触情绪讨厌和你面对面冲突），所以你要激怒它，让它的声音更大、更有力。你在直视它的时候，嘲笑它矮小的身躯、愚蠢的想法、被你看透的无用的计谋，一直嘲笑它，微笑着面对它，心里很清楚自己的能量比它的大。你在感觉它逃到丛林里之前，要一直保持这种状态。

让你的抵触情绪倾吐心声。拿出一张 A4 纸，让你的抵触情绪写一份"反对清单"，把它喊出来的那些反对原因都写上去，用这种方式让它消耗殆尽。写完之后，在下面简单写一个"赞成清单"，你很快就能恢复控制。

比抵触情绪更消极，想一想过去情况真的很糟糕的时候。无论抵触情绪告诉你现在情况有多糟，对你来说都是较过去的一种提升、一种胜利，因此你的抵触情绪也会得到一丝安慰，有可能就此服软——至少是现在。

巧妙地避开抵触情绪

当然，比承认、愚弄或对抗抵触情绪更简单的做法就是根本不去管它。下面有几种方法，你可以用来回避、骗过和智取抵触情绪，做到比它还神秘莫测。至少现在可以应付一阵了。

用更好的声音淹没抵触情绪的噪音

斯蒂芬·金（Stephen King）给他的书稿写了一封情书——《写作这回事》(On Writing)。他在书中对自己早晨的习惯进行了一番阐述。身为一名作家，他就是靠这个惯例开始一天的写作的。如果你是作家的话，最可怕的事莫过于一张空荡荡的纸了。空白页上除了抵触情绪以外什么都没有，你会因此局促不安。金在书中表达过他对重金属音乐和黑咖啡的喜爱，两者都对他的写作帮助很大。它们能淹没抵触情绪的噪音，同时营造一种工作动力的幻象。如果真的写出几个字来，那种幻象便转而成为事实。对我来说，有那么三四首歌几乎是屡试不爽的。一首是迈克尔·杰克逊的《满足为止》(Don't Stop' Til You Get Enough)。这是他最具突破性的专辑《疯狂》(Off The Wall)中的第一首歌。这首歌在迪斯科的节拍声中洋溢着激情与狂热，无论是谁第一次听，都能感受到他的光芒。它是那么大胆，因此是我消除抵触情绪的良方。

一些有用的习惯

习惯能够分散抵触情绪的注意力，利用拖延它的时间，你就有机会为工作创造动力。一天开始前按照一定章程做事是个比较聪明的做法，否则在这个时间做6件事，其中有5件都会遇到抵触情绪喊叫着不让你做的情况。借助习惯，你可以在抵触情绪发现之前就迅速进入工作模式。以前很长一段时间，只要在家办公，我都必须在清晨例行做几件事：

1. 喝水
2. 跑步 10 分钟
3. 洗澡
4. 吃早餐
5. 先处理一天中最难的任务
6. 完成日检查表

在这么多积极、舒服的任务背后，却存在着一个令抵触情绪生畏的事实。跑步时产生的内啡肽还在我体内循环，会让抵触情绪无所适从。不同人早上的习惯是不一样的，但是那些用好习惯开启一天的人更有可能收获高效的一天。

舒适的幻象

记住，抵触情绪渴望舒适和安全。在漂亮、惬意的环境里做最难做的工作能让抵触情绪误以为一切都好，不会担心生存问题。我住在海边城市布莱顿，所以我尽可能坐在沙滩上，一边看海一边写作。我发现这样做能让我平静下来，可以远离平时那些令我分心的因素，抵触情绪也就无处藏身。你也可以试着找一个对自己有效的环境。如果找不到，那就从神经语言程序学（neuro-linguistic programming, NLP）的世界寻找灵感，学一学怎样营造一种"状态"。如果你要打一个电话，或者要参加一个会议，心里不禁有些畏惧，那么做一下深呼吸，笑一笑。积极地使用肢体向自己发出积极的信号，减少恐惧感。散步也非常有帮助。

营造更强烈的恐惧感

这是我最喜欢的一个办法。抵触情绪窜来窜去，满口完美主义者的胡言乱语，如果你不加以制止，它会一直唠叨下去。但是，你对被人轻视、失去地位的恐惧又是一种非常强大的感觉，它能让你和你的抵触情绪团结到一起，共同作战，按时交付任务。

就没有时间限制、拖延概率很高的项目来说，有一个人为你设置截止时间，让你把注意力放在这个时间点上，会对你完成工作很有帮助。对错过截止日期的恐惧将远远超过对质量的担忧，后者这样微小的抵触情绪和前者相比简直微不足道。你会竭尽全力在真正在乎的人面前保住面子，不让他们觉得自己愚蠢。有时，你会为此牺牲工作质量，远没有发挥出自己最好的水平。当然，当你发现自己提交的工作不合心意时，你已经交差了。同时你也会发现，其实别人都没注意到你那些完美主义的纠结点。

如果你正在考虑开启新项目，一个最好的方法就是发出公告，把它敲定。这是创业者的思维模式。先宣布，稍后再计划、干活、提交。理查德·布兰森（Richard Branson）创建维珍可乐（Virgin Cola）的时候就是这样做的，这件事曾经轰动一时。布兰森的公司一直表示要生产自己的可乐，但是出于抵触情绪，这件事连续很多年都没有进展，总是被其他事抢先。有一天，布兰森出席了一个新闻发布会，会议内容与可乐毫无关系。当被问到他们公司还有什么计划时，布兰森回答说："今年我们要生产自己的可乐。"回到办公室以后，他面对的不仅是盲目恐慌，也有狂热行动。"你们听到我刚才的宣言了吗？"他问。但是他根本不需要回答。

游戏化

让工作变成一种游戏能够分散抵触情绪的注意力，你刚好能利用这段时间克服它。游戏化（gameification）是个比较新的词，其含义也越来越复杂，但是把工作变成游戏的原理已经存在很长时间了。下面有几个我们工作中经常出现的游戏范本。

- 设定销售目标。没人愿意做一个失败者。所以他们会奋力实现那个目标，然后好收获赢家的奖牌和一些公开的赞誉。
- 设定绩效评估等级和与绩效挂钩的工资制度。你做的所有工作将决定你年末（或季度末）是赢家还是失败者。
- 清空收件箱。是的，如果你还想着把收件箱清空，那是因为你知道这样做对你有好处，但是感觉应付不过来工作的时候，你也许就不再那么坚持了。在邮件培训班里，谁把收件箱清零，我们就给谁一些小徽章。这样就给这个严肃的过程添加了一些游戏的成分。你可能也不会相信，有些非常资深的管理者有能力坐拥世界上任何一件物品，却坐在我们的培训课堂里吵着要一枚徽章。
- 挑战自我。"我敢打赌，你采访不到那位当红女星。"但是我相信，在这句话之后，你可以再努努力设法采访到她了。

延续工作动力的习惯

我们最终还是需要工作动力才能打败抵触情绪。如果你不需要创造动力就能让抵触情绪闭嘴，那么要是能一直保持动力又会怎样呢？事实是，我们有时感觉毫不费力就有了积极的工作动力，而有时却好像离开起跑架都十分困难。你可以养成几个帮助自己促进工作动力的习惯。

- **先做最难做的**

  一天开始之际，做清单上最难做的任务，可以是最大的大石头，也可以是你最不喜欢做的事情。上午 10 点前把它完成，你会有如释重负之感。那天要做的其他事情自然就会变得更容易。这样做能躲开那件任务带来的抵触情绪，如果你拖着不做，甚至拖延，抵触情绪会更强烈，而且你一整天都会惦记着它。

- **借助纸笔**

  如果你想让大脑进入工作状态，那就允许它有想法、有创意。在身边放好纸、便笺和漂亮的笔，然后静观好点子喷涌而出吧。开会时如果一群人好像止步不前了，这就是一个很好的破解办法。准备好白板，墙上挂几张纸，再给大家一点便笺，让他们把想法写下来。这是让一群人走出僵局的一个妙招。如果你不知道一项工作要如何开始，也可以用这个办法。把可能的大纲结构写到小纸片上，要比直接把想法变成 Word 文档容易得多。所以你要允许大脑有想法，有时你需要很多坏点子，好点子才会出现。

- **重在开始**

  很多时候，我们觉得自己在工作中陷入了僵局，其实我们只是需要踏上起跑线。我们只要把一项任务做上 5 分钟，就能揭开它神秘的面纱，获得更多想法，做出更多行动。所以，如果那份报告你一直拖着没看，下一个项目的工作还一直拖着没做，一定要开始做了。当然，你应该知道下一步具体行动是什么，因为只有这样才能把它写到主要项目清单里。既然你已经知道做什么了，那又有何难呢？只要开始做，你会对接下来发生的事情感到惊讶。

❻ 热身很重要

舞蹈家特怀拉·萨普（Twyla Tharp）在她的《创新这种习惯》（*The Creative Habit*）一书中讨论了一个强有力的习惯。身为一名舞蹈演员，她需要热身。所以，她保持动力和创造力的习惯就是起床，下楼，打出租车去健身房。不管那天早晨有多难受，不管她多想再睡半小时，起床就是她的热身动作。等到需要创新的时候，她已经做好准备了。热身为创新做好了铺垫。

❻ 闭上嘴

不知道你注意到了没有，花很多时间对工作滔滔不绝指点江山的人其实并不会做什么实事。你需要做一名办公室里的沉默忍者，完成别人梦寐以求的工作量，创造奇迹。那时，如果你真想谈一谈自己的工作，一定会有人问你的。

❻ 勇敢交谈

如果你实在陷入了思考瓶颈，或者在和别人发生冲突之后，出于尴尬一直在回避，记住，勇敢交谈能把事情继续往前推进。如果感觉尴尬的话，你甚至可以这样开始："你知道吗，我觉得我们应该勇敢一点，打破僵局。"通常情况下，对方一定会知道你要聊什么。此后，沟通必然能帮助你获得一些工作动力。

你需要反完美

最后，我们来谈一谈"完美"。"反完美"可能有点异类的感觉，因为这绝不是学校教给我们的理念，但完美确实是敌，不是友。无论如何，你都要避开它，否则，它将影响你获得工作动力。但凡追求完美，都是无谓地浪费时间。在某件事上花的最后几分钟很少是效率最高的几分钟。一旦最好的、效率最高的时间用完以后，你就应该在完美主义控制住自己之前把事情推进到下一步。你是想向市场推送 100 件新产品还是 5 件完美的产品呢？

只要你想，你总能找到需要添加或改进的内容，但这不代表你就需要不断这么做。你需要转移注意力，去做其他有用的事。如果世界末日来临之前你只剩一件事要做了，你可以选择投入尽可能多的时间，让它臻于完美。或者，你还可以选择把它尽早推出来，然后靠着椅背享受啤酒和烟火。

追求完美不仅是无谓地浪费时间，还会给抵触情绪更多的时间伪装自己，而且伪装得越来越复杂。我们内心的完美主义是抵触情绪的一种反应，它也能反过来让抵触情绪更强大。在 Word 文档里来回调整段落间隔就是允许完美主义战胜自己的确切信号。赶紧把它发送出去，让大家看见才是要紧事。

价值源于实质，而不在修饰。还记得帕累托的二八法则吗？根据这条法则，在你所做的事中，有 20% 会产生 80% 的影响力。我和各企业的董事会接触甚多。董事会的成员都是大忙人，有很多事要做，不是只需要看你准备的报告。现在，请你扪心自问：这些有时还要假装自己看过的董事会成员真想看到一份长达 45 页、完美无瑕的文件吗？还是说他们真正想看的只是一些要点呢？一页总结要比一份完美的报告高效得多。如果需要深入了解，他们自己会问的。

我们有时会混淆"在乎"和"完美"。餐馆里完美的服务不是真的完美，只是在他们提供服务时，客户能感觉到他们很在乎自己。在乎是值得称颂的。如果有人知道你非常在乎这件事的结果，他们会原谅你的不完美。推送时，你要让别人感觉自己很在乎，不要等到完美以后再推送。

所以，在努力交付的过程中，你甚至应该致力于反完美。你要允许自己不完美，所以也要允许自己提交不完美的工作——不完美，但仍有足够的价值。你不仅要在质量上，而且要在数量上确保自己的工作产生不可思议的影响力，这才是我们追求的目标。给自己创造一个犯错误的安全空间，从错误中学习。

其实不完美也能成就辉煌。我们应该欢迎意外事件的发生。几个世纪以来，正是意外事件让我们发现了万有引力，制作出最美妙的音乐，发现了新食物和新烹饪方法，还有成千上万个类似的发现让我们的世界和工作充满了奇迹。意外事件能够带来惊喜、幽默、戏剧性和兴奋感，我们应该为此庆祝。我们还应该庆祝的是，只有这些不完美和不可预知性才能提醒我们，我们其实只是普普通通的人。我们不是超人，是尽全力行动的高效忍者。

如果不完美让我们质疑自己的能力，怀疑自己值不值得这么大费周章，应不应该就此放弃，过更平静、更简单的生活，那我们就应该转而把注意力放在我们过去各种各样的成功上——学会不再折磨自己。我们是普通人，那些一直追求完美的人才不正常，不是我们。

更重要的是，当事情按照计划发展的时候，当事情变得如此神奇的时候，意外事件和不完美只能与之形成更鲜明的反差。它们也能提醒我们，不要把这些奇迹视为理所当然。那些神奇的事情，我们实现的了不起的事情，充满能量、动力和爆炸式高效能的事情？其实根本不是奇迹的作用，只是看起来像罢了。背后的原因非常简单——身为普通人的忍者的超级技能，不是超人的超能量。

不完美提醒着我们，在所有成就背后的恰恰是我们普通人——这是非常鼓舞人心的。

形成属于你自己的工作动力

我真心希望你能喜欢这本书，也谢谢你为我的观点投入了金钱、时间和注意力。在结束之前，我要向你坦白，所有这些事情，我过去也很不擅长。即使是现在，我既研究又授课很多年，也知道自己在提高自身效率方面有了很大的进步，我仍然觉得我还可以做得更好。如果你觉得不满意，在你要求退钱并去找一些专家求助之前，我要提醒你，在本书一开始我就提醒过你了：不要把我也当成专家。我只不过设置了一种有效率的系统，并通过努力才实现了高效率。我不希望你放下这本书的原因是觉得我与你不同。我们都一样，都是这条路上的苦行僧，还有数不尽的新内容等待我们挖掘。

要学习，总是有新东西可以学；要提高，总是有机会可以提高。我在本书中提及的内容（我认为）几乎都是常识，只是没那么常用罢了。你觉得这些事情让你很痛苦？想一想那些不够了解自己的人吧，他们甚至不知道怎么迈出改变现状的第一步。

所以，现在才是真正重要的时刻。

读过前几章以后，你已经有了知识储备，一切听你调用。如果你愿意的话，明天，或者下周，或者下个月，你可以再重读一些内容。不过是否重读不重要，下面才是真正重要的。

你会怎么做

我们不能仅止于反思自己不好的习惯，这远远不够。我们应该做出改变。对很多练习，你可能会想之后再回去做，你为了养成更好的效率习惯想出了很多好办法，也打算明天开始某些计划，那何不从现在就开始呢？从想法到实际执行才是很大的一步，所以我们应该先从做一名你想成为、希望成为、渴望成为的高效忍者开始。你不需要一开始就迈出一大步，但你的确需要开始，而不是像旁观者一样一味点头。

比这更重要的是，我们还可以把它当作让世界发生一些改变的机会。

一切皆有可能，一切。你的局限不是技能或时间，而是想象力。

你真的可以改变世界——我知道这样说听起来有点虚伪，但是很多人心目中的英雄都是人。古往今来，这些英雄能改变世界，是因为他们志向高远。当事情进展不顺利时，他们能振作起来，通过做到身心禅定、冷静果断、善用武器、神秘莫测、自我审视、另辟蹊径、有备无患和机敏灵活重新开始。坚持和智慧永远是最后的赢家。

空谈是没有用的，只有行动最重要。

我们都经历过早上醒来心怀美好愿望，但就是原地踏步、无法行动的情形。这时，我会戴上耳机，听美国爵士音乐家迈尔斯·戴维斯（Miles Davis）的专辑《泛蓝调调》（*Kind of Blue*）。它被公认为永恒的经典之作，你经常能在书上或杂志上看到它作为评论家的首推作品出现。这张专辑里的音乐从头至尾都优美动听，能帮我形成我需要的工作动力。

几年前，我看过关于这张专辑制作过程的纪录片。让我感到惊诧的是，整张专辑只用了两个录音场次就完成了，总共不过七八个小时——1959年春季那点短暂的时光却造就了至今仍有影响力的杰作，其录制时间没有超过你每天早晨坐进办公室以后的工作时间。

我们都有能力创造杰作。迈尔斯看似轻而易举就做到了，就像变戏法一样。这可能得益于他在独奏时没有受到邮件的干扰。但实际上，这主要是因为他懂得如何形成轻松、高产的工作动力。他把伟大的音乐人召集起来，确保一切准备就绪——当然不是过度的准备。他鼓励大家追求音乐的影响力，不是达到完美。

所以我听这张专辑的时候，它能激励我摆脱早晨那种浑浑噩噩的状态，形成积极工作的动力：把团队召集起来，做计划，下达任务，迈出坚决的第一步并尽全力不让我的抵触情绪出声。一旦形成了轻松高产的工作动力，不管蜥蜴脑叫得有多大声，你想停都停不下来，更不用说把事情继续下去了。当然，身为一名高效忍者，我能在保持工作动力的同时以轻松的方式让一切尽在掌控之中。

想到这本书有可能掀起一场高效忍者的运动，我就觉得不可思议。这场运动可能跨越不同的领域、阶级、年龄和角色，但我们的目标是一致的，那就是对世界产生积极的影响，无论是大是小。我写这本书的目标就是激励人们成为高效忍者，鼓励他们和其他人分享忍者技能，共建一个互帮互助的社区，培养能够带来改变的人。所以，请把这本书借给你的朋友，传播高效忍者的做事方法，在提高自身能力的同时也帮助他人提高自己。本书末有Think Productive的联系方式，如果你愿意，也可以和我们联系。

以上就是我要做的事情，你呢？

致谢

首先，我要感谢你购买这本书。它是我过去5年训练自己和其他人变得更高效的方法合集。5年以来，我收到过数百封反馈邮件，大家向我讲述了他们减少处理邮件的时间、提高会议效率并产生巨大影响力的故事，以及他们改变生活的重要时刻。那是一段奇妙的历程，我希望我在这本书里向你展现了一部分，也为你带去了一些有价值的内容。如果真是这样，请你与我联系，我很想听到你的故事。当然，像我刚开始说的那样，我不相信有无所不知的专家存在，我也一直在学习。或许你也有对自己而言很有效的方法，但是没在这本书里看到，如果你愿意和我分享的话，我会感到十分荣幸。我的邮箱是 graham@thinkproductive.co.uk。希望能够收到你的来信。

有很多人对我写这本书产生了重要的影响，从他们身上我学到了很多，所以我也要感谢他们。很多年以前我读了史蒂芬·柯维的《高效能人士的七个习惯》。从此，书中有一些内容就在我身上留下了深深的烙印。戴维·艾伦的第一本书《搞定I：无压工作的艺术》，萨莉·麦吉（Sally McGhee）的《夺回你的生活》（Take Back Your Life）和默林·曼"收件箱清零"系列演讲都对我产生了很大的影响，让我从不同的角度去思考邮件、信息和行动这些主题。朱莉娅·卡梅伦（Julia Cameron）和史蒂芬·普雷斯菲尔德的作品鼓励我克服恐惧和抵触情绪，勇敢地表达自己。赛斯·高汀也在类似的主题上给了我很多启发。他也在我出书的关键节点给了我很多建议。

马丁·法雷尔是 Think Productive 的"会议魔术师"。能够成为他的同事和朋友，我深以为豪。这些年看到他让会议变得不可思议，我一直深受鼓舞。在 Think Productive 初期发展阶段，他也发挥了重要的作用。他帮助设计了 CORD 流程模型，并和我一起开办了最早的几期培训班。他的正直、热情和明智的建议一直是我的力量源泉。

还有很多人为效率"空间"做了很多贡献，产生了不可磨灭的影响，在这里我需要特别鸣谢他们，包括而并不仅限于：迈克尔·斯利温斯基、吉娜·特拉帕尼、迈克尔·海厄特、利奥·巴伯塔、劳拉·斯塔克、凯文·邓肯、蒂姆·费里斯、路易斯·格雷斯尔、南希·克兰、李·科蒂尔、马修·布朗、基思·博汉纳、斯图尔特·麦肯齐、拉塞尔·凯尔德、格雷斯·马歇尔、沙伦·戴尔、朱莉娅·理查兹、温迪·史密斯、贝尔纳黛特·麦克唐纳、唐·欧康纳、福克·库伊斯特拉和马塞尔·凡·登·伯格。

感谢我出色的书评和检测团队：埃琳娜·博加、肖恩·桑基、娜塔莉·雷诺兹、夏洛特·梅特姆、凯特·帕斯利、卢·德雷克、珍·罗斯洛普、马克·费洛斯、沙伦·伦纳德、罗伯和萨拉·杰拉蒂、乔恩·伯吉斯和利斯·麦克唐纳。

感谢在这段时间及时给予我莫大的帮助和启发的人：我的编辑凯特·休森；IconBooks 我出色的"出版忍者"团队：埃洛亚·阿特金森、雷克斯·普格森博士、李·科蒂尔、莉兹·穆尔、斯内哈·帕特尔、罗伯·威尔逊、朱莉娅·斯莱；整个 Involve 团队：马克斯·麦克洛林、朱莉娅·普尔、玛丽·本顿、塞伊·欧巴金、保罗·欧金斯基、拉希德·奥贡拉鲁、艾伦·伯勒尔、克里斯·杜伯里、亚当·尼科尔斯；SPW 的员工：加雷思·帕克、尼尔·史密斯、马克·沃尔什、克劳迪娅·皮尔格林、凯瑟琳·克罗宁、马特·海德、马丁·法雷尔、汤姆·威尔科克斯、乔纳森·西蒙斯、阿曼达·普罗瑟、伊恩·费里斯、MT·雷尼、安妮·莫伊尼汉、本·克尼恩、克里斯托弗·斯宾塞、娜塔莉·雷诺兹、艾玛·塞林、索菲娅·威廉姆斯、埃琳娜·博加、丽莎·布雷迪、玛丽·安·斯图克、查琳·坎贝尔、山姆·达维森、雷切尔·扬曼、安娜·伯顿、托尼·威尔逊、汤姆·怀利，我的母亲、父亲、祖母，以及希瑟、克雷格、利拉·乔、亚历克斯和罗斯科。

最后，感谢查兹，我工作和生活中的同伴。我爱你。

格雷厄姆在全世界范围内为企业提供主旨演讲与培训项目。关于各项细节，请访问 www.grahamallcott.com 或发信至 bookgraham@thinkproductive.co.uk。

把你的同事都变成忍者

你是成为高效忍者了,那财务部的戴夫呢?

如果你想提高整个企业的效率,Think Productive 提供一系列机构内的培训,可以帮你实现这一目标。开始时,我们只在英国提供下列培训,现在我们已将此业务拓展到了全世界。

收件箱清零

三小时培训,涵盖所有忍者处理邮件的建议和技巧,最后还有在办公桌旁的手把手辅导。参加培训后,所有学员都能清空自己的收件箱。该项目耗时短,实操性强,极其高效。此外,我们还有一个和"Outlook 忍者"一起参加的全天项目。

> 收获很大,喜欢这种方法! ——朱莉娅·埃瓦尔德,易趣公司

邮件礼仪

我们的邮件礼仪培训会关注积极与消极的发信习惯。结束培训后,各团队会起草一份"邮件宣言",致力于共同改善他们的邮件文化。三个小时后,你就坐看收件箱里的邮件越来越容易处理吧。

> 我总是为邮件烦恼!这一期把所有问题都摆在我面前了,而且我们能把问题解决掉! ——尼克·马修斯,卡迪夫大学学生会

压力更少,成就更多

这是一个全天培训课程。我们既会讲课,又会在办公桌旁指导学员使用 Think Productive 的 CORD 高效模型,帮助他们在电脑里或纸上设置好"第二大脑",然后帮他们把过时或没用的纸质文件扔进回收站。该项目活跃、清晰、有趣,我们经常听到有人说这一天改变了自己的生活!

> 印象非常深刻。这是我上过的最有效率、最享受的课程。——丽莎·哈钦森,布里斯托尔大学

让会议不可思议

设计这个三小时课程的目的就是改变我们的会议。我们会介绍积极与消极的开会习惯、四二四注意力法则和一系列技巧。培训和小组作业会处理个人和团队的问题,以减少每个人花在会议上的时间,让你参加的会议变得不可思议。

这真的会让我们思考怎样更好地利用开会时间,有时也会让我们怀疑到底有没有开会的必要!——艾莉森·詹森,英国航空公司

培养团队精神

这是唯一针对提高团队效率开设的培训课程。只要想让团队协作更为出色,不管是创造更多发挥创造力的时间,形成更好的文档结构,改良通讯录还是促进不同角色之间的相互理解,你都可以参加该项目。我们能创建一个勇敢交谈的安全空间,你可以利用这个机会做出改变。

内容精彩,超值。——娜塔莉·佩斯,伊灵区

高效忍者是怎样炼成的

该演讲时长一个半小时,主要围绕八大忍者式思维(本书已经列出)展开,此外还有很多建议和技巧,很适合作为会议内容或者用于团队建设。你也可以通过该演讲了解我们的做事方法,并探索哪项时间更长的培训最适合你。

有趣,充满有用的点子,让人受益匪浅。——海尔斯·希特利,葛兰素史克

访问 www.thinkproductive.com 了解更多
或给我们发邮件:hello@thinkproductive.com
在领英(LinkedIn)上找到我们:Think Productive

图书在版编目（CIP）数据

高效忍者 /（英）格雷厄姆·阿尔科特著；李文怡，易汕译. -- 南昌：江西人民出版社，2019.8（2020.4 重印）
ISBN 978-7-210-11217-4

Ⅰ.①高… Ⅱ.①格…②李…③易… Ⅲ.①自我管理学 Ⅳ.①C936-49

中国版本图书馆CIP数据核字(2019)第049186号

HOW TO BE A PRODUCTIVITY NINJA: WORRY LESS, ACHIEVE MORE AND LOVE WHAT YOU DO
By GRAHAM ALLCOTT
Copyright: © 2012, 2014 GRAHAM ALLCOTT
This edition arranged with THE MARSH AGENCY LTD
through BIG APPLE AGENCY, INC., LABUAN, MALAYSIA.
Simplified Chinese edition copyright:
2019 Ginkgo(Beijing) Book Co., Ltd.
All rights reserved.
本书简体中文版由银杏树下（北京）图书有限责任公司出版。
版权登记号：14-2019-0035

高效忍者

作者：[英]格雷厄姆·阿尔科特　译者：李文怡　易汕
责任编辑：冯雪松　韦祖建　特约编辑：刘昱含　筹划出版：银杏树下
出版统筹：吴兴元　营销推广：ONEBOOK　装帧制造：墨白空间
出版发行：江西人民出版社　印刷：三河市天润建兴印务有限公司
889 毫米 ×1194 毫米　1/32　9.5 印张　字数 213 千字
2019 年 8 月第 1 版　2020 年 4 月第 2 次印刷
ISBN 978-7-210-11217-4
定价：42.00 元
赣版权登字 -01-2019-100

后浪出版咨询(北京)有限责任公司常年法律顾问：北京大成律师事务所
周天晖　copyright@hinabook.com
未经许可，不得以任何方式复制或抄袭本书部分或全部内容
版权所有，侵权必究
如有质量问题，请寄回印厂调换。联系电话：010-64010019